Die Entwicklung der Person und ihre Störung

D1734462

Herausgeber: J. Eckert, D. Höger, H. Linster
Layout: F. Aguado Menoyo
Druck: Greven & Bechtold GmbH
Copyright: GwG-Verlag, Köln, 1993
ISBN 3-926842-14-8

Jochen Eckert, Diether Höger und Hans Linster (Hrsg.)

Die Entwicklung der Person und ihre Störung

Band 1

Entwurf einer ätiologisch orientierten Krankheitslehre im Rahmen des klientenzentrierten Konzeptes

GwG-Verlag Köln

INHALTSVERZEICHNIS

INHALTSVERZEICHNIS

Vorwort des Vorstandes der GwG zu den
Publikationen der Fachtagung Störungslehre

Das vorliegende Buch ist der erste Band, welcher die Vorträge der ersten Fachtagung „Die Entwicklung der Person und ihre Störung" - teilweise in überarbeiteter Fassung - enthält. Die Tagung wurde im April dieses Jahres durchgeführt und stieß auf große positive Resonanz. Die zweibändige Dokumentation soll zur weiteren Verbreitung und Diskussion dieser Beiträge verhelfen und die begonnene Arbeit fortführen.

Damit stellen wir auch die Publikation der Vorträge in den Dienst der Zielsetzung der Tagung. Diese Beiträge stellen bekanntlich nur einen Teil der Arbeit dar, die Psychotherapeuten und Psychotherapeutinnen des klienten- bzw. personzentrierten Konzeptes zur Zeit in Angriff genommen haben: durch die weitere Ausarbeitung des Psychotherapiekonzeptes - insbesondere der Störungs- und Krankheitslehre - und durch die Dokumentation und Evaluation klienten- und personzentrierter psychotherapeutischer Praxis zur besseren Verankerung der Gesprächspsychotherapie und der Personzentrierten Psychotherapie mit Kindern und Jugendlichen im bestehenden System der Krankenversorgung beizutragen.

Mit der Veranstaltung dieser Tagung ging die GwG einen anderen als den sonst üblichen Weg. Ziel der Tagung und damit auch Anliegen der Publikation der Tagungsbeiträge war, in eigener Sache anzutreten und die Arbeit an der Ausdifferenzierung der Krankheitslehre als Aktualisierung der ursprünglichen Grundannahmen des personzentrierten Konzepts in ihrer Auseinandersetzung mit den Anforderungen der Praxis im gesellschaftlichen Kontext zu verstehen und zu praktizieren.

Die GwG hat als Fachverband bekanntlich bereits in ihrer Satzung die Ausdifferenzierung, Verbreitung, Erforschung und Fundierung des Klientenzentrierten Konzeptes und der Gesprächspsycotherapie als selbstgestellte Aufgaben formuliert und handelt seit Jahren im Sinne dieser Satzungsziele. In den letzten Jahren kommen jedoch auch von außen vermehrt Anforderungen und Auflagen, die verstärkte Aktivitäten verlangen. Die rasante Entwicklung der letzten Jahre im Bereich Psychotherapie - angestoßen und beschleunigt durch das Psychotherapeutengesetz - stellt auch für die Klienten- bzw. Personzentrierte Psychotherapie und für die GwG eine große Herausforderung dar.

Wenn die Gesprächspsychotherapie (und auch die Personzentrierte Psychotherapie mit Kindern und Jugendlichen) als gleichberechtigtes und gleichwertiges Mitglied in den Kreis der anerkannten Verfahren - und dazu werden in erster Linie die sog. Richtlinienverfahren gezählt - aufgenommen werden will, muß sie ihr Störungs- und Krankheitskonzept auch entsprechend dem vorherrschenden ätiologischen Krankheits- und Psychotherapiemodell ausformulieren. Dann kann auf dieser Grundlage eine ätiologisch fundierte differentielle Diagnostik und psychotherapeutische Behandlung praktiziert werden. Die GwG muß also dafür sorgen, daß auch in der Störungs- und Krankheitslehre des personzentrierten Konzeptes der „Räuber" ausfindig gemacht und identifiziert werden kann. Denn es gilt den „Räuber" und nicht die „Randbedingungen" für den „Raub" verantwortlich zu machen, welcher in dunkler Nachtstunde an einem einsamen Ort passierte - so die Kommentatoren der Psychotherapie-Richtlinien FABER und HAARSTRICK, die das Gleichnis von FREUD aufgreifen, „um das Neue und Wesentliche der ätiologischen Betrachtungsweise in der Psychotherapie zu beleuchten" (FABER, F.R. & R. HAARSTRICK (1991): Kommentar Psychotherapie-Richtlinien. Neckarsulm, 23f).

Wohlwollende und „ambivalent positive" Kritiker rechnen dem personzentrierten Ansatz bzw. der Gesprächspsychotherapie durchaus Verdienste an, insbesondere die Pionierleistungen in der Psychotherapieforschung und die guten Wirkungsnachweise - so bekanntlich nachzulesen im 1991 vorgelegten Forschungsgutachten zu Fragen eines Psychotherapeutengesetzes, oder noch deutlicher dann bei einem der Autoren des Forschungsgutachtens - KLAUS GRAWE - in seiner Positionsarbeit „Psychotherapieforschung zu Beginn der neunziger Jahre" (PSYCHOLOGISCHE RUNDSCHAU 1992, 43, 132-162). Viele dieser Kritiker fordern uns auf, entschiedener als bisher diese ätiologische Ausformulierung vorzunehmen und die geforderten Nachweise vorzulegen. Sollen wir uns, sollen sich Klienten- und Personzentrierte Psychotherapie dieser Herausforderung stellen? Ist es möglich, Gleichwertiges vorzulegen ohne sich soweit anzugleichen, daß der eigenständige Ansatz und Beitrag nicht mehr erkennbar wird oder die Identität aufgegeben werden muß und womöglich verloren geht?

Diese Herausforderung wurde bereits vom letzten Vorstand als wichtige und notwendige Aufgabe verstanden und engagiert aufgegriffen. Sie hat gerade in diesem Jahr vor allem durch die Arbeit am Psychotherapeutengesetz an Aktualität und Bedeutung gewonnen und stellt sich als eine der wichtigsten Aufgaben für die klientenzentrierte Psychotherapie und für den Verband dar.

Der Vorstand hat 1991 JOCHEN ECKERT beauftragt, mit einem Kreis von Experten der Forschungskommission und des Wissenschaftlichen Beirates eine Fachtagung vorzubereiten, die zur Lösung der gestellten Aufgabe beitragen sollte. Auf den beiden Expertentreffen, die zur Vorbereitung der Tagung organisiert wurden, konnten wertvolle und unverzichtbare Beiträge für die Tagung erarbeitet werden. Der Vorstand möchte sich daher nicht nur bei der Planungsgruppe und den Helfern der Bundesgeschäftsstelle für die gute Organisation der Tagung bedanken, sondern auch bei den Experten und Expertinnen - vor allem bei EVA-MARIA BIERMANN-RATJEN und HANS SWILDENS für ihr immenses Arbeitspensum und das gelungene Ergebnis ihrer Arbeit und bei WOLFGANG PFEIFFER - persönlich und stellvertretend für den Kreis der Experten.

Die Veranstaltung dieser Tagung und die Publikation der Beiträge sind zwar nur ein Teil der geforderten Arbeit, aber ein immens wichtiger. Denn durch die gemeinsame Arbeit und Diskussion fördern und stärken wir auch unsere personzentrierte Identität. Dies war auch die Erfahrung dieser Tagung. Dem Kreis der „verpflichteten" Experten schlossen sich weitere an: PsychotherapeutInnen und AusbilderInnen, die sich im Rahmen der Reflexion ihrer psychotherapeutischen Praxis oder ihrer Forschungstätigkeit seit Jahren ebenfalls mit der Ausarbeitung und Weiterentwicklung der Störungs- und Krankheitslehre befassen. Sie alle wollen wir durch die Publikation der Beiträge zur Fortsetzung der gemeinsamen Arbeit und Diskussion aufrufen.

Wir wünschen beiden Büchern kritische und engagierte Leser, die gleichwohl bereit sind, unsere anerkennende und wertschätzende

Haltung, die wir den Autoren und Autorinnen gegenüber einnehmen, zu teilen. Auf dieser Grundlage gelingt ein wirklich kritisches Verständnis, so daß wir den Beitrag der jeweiligen Arbeit im Hinblick auf die gestellte Aufgabe besser erkennen und im vielleicht anschließenden Dialog ausschöpfen und weiterentwickeln können.

Für den Vorstand

DR. HANS W. LINSTER
1. Vorsitzender der GwG

Einleitung der Herausgeber

Die in diesem Band versammelten Beiträge befassen sich mit dem Entwurf einer ätiologisch orientierten Krankheitslehre der Gesprächspsychotherapie.

Es handelt sich dabei um die überarbeiteten und teilweise neugefaßten Vorträge, die auf einer von der GwG ausgerichteten 2-tägigen Fachtagung im April 1993 in Köln am 1. Tag gehalten worden sind. Die Vorträge des 2. Tages sind in einem 2. Band mit dem Untertitel "Theorien und Ergebnisse zur Grundlegung einer klientenzentrierten Krankheitslehre" enthalten.

Bevor wir die Beiträge kurz vorstellen, soll zum besseren Verständnis des Themas Krankheitslehre und Gesprächspsychotherapie der Rahmen beschrieben werden, in dem diese Thematik aufgespannt ist. Auf den politischen bzw. gesundheitspolitischen Teil des Rahmens wurde bereits im Vorwort des Vorstandes eingegangen.

Im Zusammenhang mit den noch in der Planung befindlichen berufs- und sozialrechtlichen Neuregelungen bezüglich der heilkundlichen Ausübung von Psychotherapie durch Psychologen ließ das Bundesministerium für Jugend, Familie, Frauen und Gesundheit (BMJFFG) ein Forschungsgutachten zu Fragen eines Psychotherapeutengesetzes erstellen, das 1991 erschienen ist (MEYER et al. 1991). In ihm wird ebenso zu dem Verfahren Gesprächspsychotherapie/Klientenzentrierte Psychotherapie gutachterlich Stellung genommen wie vor einem entsprechenden Ausschuß der Kassenärztlichen Bundesvereinigung (KBV), der die Eignung des Verfahrens als Richtlinienverfahren prüfen läßt.

Die verschiedenen gutachterlichen Ausführungen und Stellungnahmen haben dazu geführt, daß unter den Vertretern der Gesprächspsychotherapie ein Prozeß der Bestandsaufnahme und Selbstreflexion angestoßen wurde. Wir mußten einerseits registrieren, daß Außenstehende ein z.T. sehr verzerrtes oder verkürztes Bild von unserem Verfahren haben, andererseits aber auch die Kritik anerkennen, daß CARL ROGERS uns ein theoretisches Gebäude hinterlassen hat, in dem manche Bereiche nicht ausreichend ausformuliert worden sind.

Dazu gehört vor allem die Auffassung von psychischer Krankheit bzw. psychischer Störung und deren Entstehung (vgl. LEIBING & RÜGER, 1993).

Vor diesem Hintergrund beschloß der Vorstand der GwG, eine Fachtagung zum Thema klientenzentrierte Krankheits- und Störungslehre auszurichten.

Um diese Fachtagung sinnvoll planen zu können, war es notwendig, zunächst eine Bestandsaufnahme bezüglich der vorliegenden Literatur zu diesem Thema vorzunehmen und zugleich eine Positionsbestimmung der verschiedenen Denkansätze zu versuchen.

Die Bestandsaufnahme (s. PANAGIOTOPOULOS et al. im Band 2 des Berichtes über die Fachtagung) erbrachte das überraschende Ergebnis, daß in den letzten 15 Jahren erstaunlich viel über die Ätiologie von Störungen und über differentielles, d.h. störungsspezifisches, Handeln theoretisch nachgedacht, empirisch geforscht und geschrieben worden ist. Stellvertretend für diese Bemühungen seien hier die Monographien mit den Titeln "Zur Zukunft der klientenzentrierten Psychotherapie" (herausgegeben von SACHSE & HOWE, 1989), "Gesprächspsychotherapie bei Neurosen und psychosomatischen Erkrankungen" (herausgegeben von FINKE & TEUSCH, 1991) und "Krankheitslehre der Gesprächspsychotherapie" (herausgegeben von TEUSCH & FINKE, 1993) genannt.

Die Positionsbestimmung erschien und erscheint uns angesichts der großen Vielfalt der in der Literatur anzutreffenden Ansätze schwierig zu sein, zumal sich nicht alle Standpunkte, die es gibt, in der wissenschaftlichen Literatur artikulieren.

Vermutlich lassen sich in der Gemeinschaft der Gesprächspsychotherapeuten, zu der wir auch die zählen, die nicht schreiben bzw. veröffentlichen, vier verschiedene Hauptstandpunkte ausmachen:

1. Der Standpunkt, daß jede Form von Diagnostizieren oder über Klienten unter psychogenetischen Gesichtspunkten nachzudenken unvereinbar mit einer klientenzentrierten Grundhaltung sei, wenn nicht gar schädlich für den Therapieverlauf.

Dieser Standpunkt wird in der Literatur kaum noch vertreten (vgl. auch TEUSCH 1993). Vertreter dieses Standpunktes gehen in der Praxis häufig klinikfernen psychologischen Tätigkeiten nach. Zur Begründung ihres Standpunktes berufen sie sich auf CARL ROGERS, eine Legitimation, die von anderen als fragwürdig angesehen wird (z.B. ECKERT 1993). Dennoch ist es genau dieser Standpunkt, der von vielen Psychiatern und Psychotherapeuten, die nicht Gesprächspsychotherapeuten sind, als der angesehen wird, der unsere Psychotherapiemethode charakterisiere (z.B. TÖLLE, 1991, 9. Aufl., S. 327).

2. Der Standpunkt, daß die vorliegende Basis an klientenzentriertem Gedankengut zu schmal und unzureichend für die Entwicklung einer umfassenden Störungstheorie sei.

Vertreter dieses Standpunktes hielten und halten es für erforderlich, eine Störungstheorie breiter zu fundieren, z.b. durch Einbeziehung psychoanalytischer, lerntheoretischer, sprachtheoretischer oder allgemeinpsychologischer Erkenntnisse.

3. Der Standpunkt, daß ätiologische Modelle, die auf dem in den Naturwissenschaften inzwischen überholten linearen Ursache-Wirkungsmodell basieren, nachweislich dem komplexen Geschehen der Entstehung einer psychischen Krankeit nicht gerecht werden, und daß daher ein Paradigmenwechsel erforderlich sei.

Vertreter dieses Standpunktes beziehen sich vor allem auf neue wissenschaftstheoretische Erkenntnisse.

4. Der Standpunkt, daß das klientenzentrierte Konzept bereits eine ausreichende Basis für die Entwicklung einer ätiologischen Krankheitslehre hat, die es nur darzustellen gilt.

Diese Unterschiedlichkeit der Standpunkte und die damit verbundene Vielfalt der theoretischen und handlungstechnischen Differenzierungen hat uns als Planungsgruppe zur Vorbereitung der Fachtagung dazu veranlaßt, in einem ersten Schritt eine Expertenrunde einzuberufen, mit deren Hilfe wir folgende Fragen klären wollten:

1. Gibt es eine gemeinsame Basis für eine klientenzentrierte Krankheitstheorie, die von möglichst vielen geteilt wird?

2. Wie kann diese Basis im Hinblick auf die o.g. verschiedenen Standpunkte und im Hinblick darauf, daß die zu erstellende Krankheitslehre ätiologisch orientiert sein soll, aussehen?

Die Antworten, die am Ende der beiden Expertentreffen gefunden wurden, überraschten sicherlich alle Teilnehmer:
Aufgrund des theoretischen Diskussionsstandes innerhalb der Gesprächspsychotherapie wurde die Weiterentwicklung einer ätiologisch orientierten Krankheitstheorie für möglich, folgerichtig und notwendig erachtet, und es wurde festgestellt, daß diese Krankheitstheorie auf der Basis der Grundannahmen von CARL ROGERS geschehen kann und sollte.

Der Wunsch und Wille der Beteiligten, auf eine klientenzentrierte Krankheitstheorie zurückgreifen zu können, die von möglichst vielen als gemeinsame Basis angesehen werden kann, drückt sich u.E. darin aus, daß sie die Psychologin EVA-MARIA BIERMANN-RATJEN und den Psychiater HANS SWILDENS beauftragten, einen entsprechenden Entwurf vorzubereiten. Das bedeutete für manche der Beteiligten, die eigenen Entwürfe zurückzustellen und stattdessen ihre eigenen Gedanken dem gemeinsamen Entwurf zur Verfügung zu stellen.

Spätestens an dieser Stelle möchten wir allen Beteiligten[1] sehr herzlich danken.

Betrachten wir diese Entscheidung im Lichte der hier genannten Positionen, dann läßt sich folgendes festhalten:
Der als Nr. 1 gekennzeichnete Standpunkt scheint in der Radikalität, in der er von uns dargestellt wurde, tatsächlich überholt zu sein. Er spielte in der gesamten Diskussion fast überhaupt keine Rolle.

---

1 Die Planungsgruppe (J. Eckert, D. Höger und H. Linster) bedankt sich bei Dipl.-Psych. E.-M. Biermann-Ratjen, Dr. Chr. Frielingsdorf-Appelt, Prof. Dr. I. Frohburg, Dr. med. J. Finke, Dr. D. Graessner, Dipl.-Psych. W. Ketterer, Dipl.-Psych. P. Panagiotopoulos, Prof. Dr. med. W. Pfeiffer, Prof. Dr. H.-J. Schwartz, Prof. Dr. med. Dipl.-Psych. G.-W. Speierer, Dr. med. H. Swildens, Priv.-Doz. Dr. D. Tscheulin, Dr.Dr. G. Zurhorst und bei allen denen, die auf andere Weise ihren Beitrag geleistet haben.

Die Standpunkte 3 und 4 erwiesen sich in den Diskussionen als einander nicht gegenseitig ausschließend, sondern sogar eher als einander ergänzend. Das wird DIETHER HÖGER im vorliegenden Band darstellen.
Bleibt die Frage nach der Verträglichkeit des Standpunktes 2, ihre Vertreter kommen vor allem in dem erwähnte 2. Band zu Wort, mit dem Standpunkt 4, der in dem vorliegenden. Band von EVA-MARIA BIERMANN-RATJEN und HANS SWILDENS, aber auch von PANAGIOTIS PANAGIOTOPOULOS vertreten wird.

Wir erlauben uns, die beiden verbliebenen Positionen *nicht* miteinander zu vergleichen, sie nicht daraufhin abzuklopfen, wo die Unterschiede und wo die Gemeinsamkeiten liegen, oder gar einen der beiden Standpunkte zu dem "richtigeren" zu erklären. Für solche Diskussionen sind wir vermutlich durch unsere eigenen Positionen auch viel zu befangen.

Wir möchten aber nicht versäumen, beiden Standpunkten eine Gemeinsamkeit zuzuweisen, die uns vermutlich verbindet: Die beiden Standpunkten zugrundeliegenden wissenschafltichen Grundpositionen, die Phänomenologie und die Forderung nach empirischer Begründung von Theorien, sind unleugbar ein Erbe unseres Gründungsvaters CARL ROGERS. Er hat immer beide Positionen vertreten und sah sie, die Positionen, und sich mit ihnen nicht im Widerspruch. Vielleicht sollten wir uns ein Beispiel an ihm nehmen und unsere Anstrengungen ganz in den Dienst der Beantwortung der konkreten Fragen stellen, die Anlaß für die Entwicklung einer Krankheitstheorie sind: Wie kann ich mir erklären, daß der eine Patient ein Phobie entwickelt hat und der andere unter einem Verfolgungswahn leidet, und was hilft mir als Gesprächspsychotherapeut dieses Wissen in der konkreten psychotherapeutischen Situation?

Wir, als Herausgeber, hoffen, daß der Leser in beiden Fachtagungsbänden auf solche Fragen Antworten findet.

Hamburg, Bielefeld und Freiburg, im Herbst 1993

JOCHEN ECKERT, DIETHER HÖGER und HANS LINSTER

Literatur:

ECKERT, J. (1993). Diagnostik und Indikation in der Gesprächspsychotherapie. In P. L. JANSSEN & W. SCHNEIDER (Hrsg.), Diagnostik in der Psychotherapie und Psychosomatik. Stuttgart Jena: Gustav Fischer (im Druck).

FINKE, J. & TEUSCH, L. (Hrsg.). (1991). Gesprächspsychotherapie bei Neurosen und psychosomatischen Erkrankungen. Neuere Entwicklungen in Theorie und Praxis. Heidelberg: Roland Asanger.

LEIBING, E. u. RÜGER, U. (1993). Die klienten-zentrierte Gesprächspsychotherapie. In A. HEIGEL-EVERS, F. HEIGL & J. OTT (Hrsg.), Lehrbuch der Psychotherapie. Stuttgart Jena: Gustav Fischer (UTB).

MEYER, A.-E.; RICHTER, R.; GRAWE, K.; SCHULENBURG, GRAF v.d. & SCHULTE, B. (1991). Forschungsgutachten zu Fragen eines Psychotherapeutengesetzes. Hamburg-Eppendorf: Universitätskrankenhaus.

PANAGIOTOPOULOS, P.; KETTERER, W. & VOGEL, G. (1993). Auswertung und kritische Würdigung der Literatur zum Krankheitsbegriff im klientenzentrierten Konzept. In G. SPEIERER & D. TSCHEULIN (Hrsg.), Die Entwicklung der Person und ihre Störung. Theorien und Ergebnisse zur Grundlegung einer klientenzentrierten Krankheitslehre. Köln: GwG-Verlag (im Druck).

SACHSE, R. & HOWE, J. (Hrsg.). (1989). Zur Zukunft der klientenzentrierten Psychotherapie. Heidelberg: Roland Asanger.

TEUSCH, L. (1993). Diagnostik in der Gesprächspsychotherapie. In L. TEUSCH & J FINKE (Hrsg.), Krankheitlehre der Gesprächspsychotherapie. Neuere Beiträge zur theoretischen Fundierung. Heidelberg: Roland Asanger.

TEUSCH, L. & FINKE, J. (Hrsg.). (1993). Krankheitlehre der Gesprächspsychotherapie. Neuere Beiträge zur theoretischen Fundierung. Heidelberg: Roland Asanger.

TÖLLE, R. (1991). Psychiatrie (9. Aufl.). Berlin u.a.O.: Springer.

Organismus, Aktualisierungstendenz, Beziehung - die zentralen Grundbegriffe der Klientenzentrierten Gesprächspsychotherapie

Diether Höger

Einleitung

Wenn wir versuchen, ausgerechnet für die Gesprächspsychotherapie eine spezifische Störungslehre zu formulieren, dann müssen wir uns zunächst der Frage stellen, inwieweit ein solches Unterfangen überhaupt legitim ist, befinden wir uns doch mit diesem Vorhaben im Widerspruch zu der verbreiteten und zunächst plausibel klingenden Forderung nach einem einheitlichen, integrierten Psychotherapiekonzept. Einheitlichkeit ist allerdings eine rein ästhetische, keine rationale Kategorie der Erkenntnis (BISCHOF, 1981). Deshalb bedarf sie genau so wie der Anspruch auf eine spezifische Identität des Klientenzentrierten Ansatzes der Legitimation. Ziehen wir wissenschaftstheoretische Gesichtspunkte heran, dann gilt: So lange wesentliche, empirisch evidente Sachverhalte aus dem Gegenstandsbereich "Psychotherapie" im "Mainstream" oder in den anderen Konzepten nicht oder nur unzureichend berücksichtigt werden, ist die spezifische psychotherapeutische "Schule", die dies tut, nicht nur legitim, sondern notwendig. Unsere Aufgabe ist es also, für die Theorie der Gesprächspsychotherapie das Spezifische herauszuarbeiten und ihre wissenschaftliche Fundierung deutlich zu machen.

Die für die Gesprächspsychotherapie spezifischen Bestimmungsstücke, die sowohl ihr Verständnis von psychischer Krankheit als auch
das psychotherapeutische Handeln leiten, stellen sich in der paradigmati-
schen Orientierung der theoretischen Aussagen von ROGERS dar, d.h.
den ihnen übergeordneten Modellvorstellungen und Leitbildern. Sie
werden vor allem deutlich in seiner Auffassung der Person als einem
Organismus mit der Aktualisierungstendenz als dessen wesentlichstem
Merkmal. Speziell die Aussagen über Störungen der Funktionsfähigkeit
der Person beruhen auf einem *Dissoziationsmodell* (nicht zu verwechseln mit einem Konfliktmodell). Es ist repräsentiert im Begriff der Inkongruenz, verbunden mit der Idee, daß sich aufgrund bestimmter zwi-
schenmenschlicher Beziehungserfahrungen die Aktualisierungstendenz
des Selbst, die von ROGERS als Selbstaktualisierungstendenz bezeichnet
wird, von der allgemeinen Aktualisierungstendenz des Organismus
abtrennt und eine eigene, von ihr abweichende Entwicklung nimmt (vgl.
hierzu den Beitrag von BIERMANN-RATJEN in diesem Band: "Das Modell der psychischen Entwicklung ..."). Organismus, Aktualisierungstendenz, Beziehung und Inkongruenz sind die tragenden Begriffe einer
klientenzentrierten Störungs- und Krankheitslehre.

Wer über die Darstellungen von ROGERS angemessen diskutieren
möchte, muß sie zuvor verstanden haben. Und hierzu muß er vor allem
zweierlei berücksichtigen:

1. den Kontext des spezifischen klinisch-psychologischen Handelns von
   ROGERS und die ihm dabei zugänglichen spezifischen Wahrnehmungen und Beobachtungen,
2. die seinerzeit in der Wissenschaft gültigen bzw. gebräuchlichen wissenschaftlichen Paradigmen und Denkmuster.

Dabei bleibt zu beachten, daß wissenschaftliche Theorien grundsätzlich kein objektives Abbild von Realität sein können (vgl. KRIZ et al.,
1987). Ihr Gültigkeitsbereich ist definiert durch die ihnen zugrundeliegenden Handlungen. Sie beschreiben, ordnen und erklären in methodisch geleiteter, kommunizier- und nachprüfbarer Weise Beobachtungen, die sich im Rahmen dieser Handlungen ergeben. Sinn und Zweck
von Theorien ist es, Grundlage für und Orientierung bei künftigem
Handeln in hinreichend ähnlichen Handlungszusammenhängen zu sein.

Diese prinzipielle Abhängigkeit aller Beobachtungen (und damit allen

Wissens) von ihren Handlungszusammenhängen bedeutet für die klientenzentrierte Theorie (und nicht nur für sie), daß die wesentlichen in ihr zusammengefaßten Beobachtungen nur im Zusammenhang mit klientenzentriertem (oder ihm hinreichend äquivalentem) Handeln zugänglich sind, d.h. dieser spezifischen Art, mit Menschen umzugehen. Für diejenigen, denen dies zu esoterisch erscheint, ein triviales Beispiel: daß Würstchen beim Heißmachen platzen, sobald das Wasser kocht, weiß zuverlässig nur der, der es selber versucht hat oder zumindest dabei war.

Darüber hinaus gibt vieles, was über das Klientenzentrierte Konzept gesagt und geschrieben wird, Anlaß zu dem Hinweis, daß Aussagen für eine wissenschaftliche Diskussion wertlos sind, wenn dabei vorhandene Definitionen nicht zur Kenntnis genommen oder Begriffe in einer Weise aufgegriffen und verwendet werden, die hinter deren ursprüngliche Bedeutung zurückfällt bzw. ohne stichhaltige Begründung von ihr abweicht. In den Naturwissenschaften ist dies selbstverständlich, in anderen Disziplinen leider nicht unbedingt, was ihnen, dann auch zu recht, die wenig schmeichelhafte Bezeichnung "Laberfächer" eingetragen hat.

Kritik, Neuformulierungen, Präzisierungen und Ergänzungen der theoretischen Aussagen von ROGERS sind hingegen nicht nur angebracht, sondern erforderlich, wo

1. die angemessen erfaßten Bedeutungen seiner Aussagen schärfer, präziser und damit verständlicher formuliert werden können,
2. Modellvorstellungen von ihm benutzt worden sind, die inzwischen durch neue und passendere ersetzt werden können bzw. müssen,
3. empirische Ergebnisse, d.h. Wahrnehmungen und Beobachtungen in hinreichend ähnlichen Handlungszusammenhängen vorliegen, die von ihm unberücksichtigt geblieben bzw. neu hinzugekommen sind.

Übrigens entspricht dies genau den explizit formulierten wissenschaftstheoretischen Vorstellungen von ROGERS selbst (1987/1959, S. 13 ff.).

Zum Begriff des Organismus

Für den Organismus und das Individuum, das er trägt, hat ROGERS postuliert, daß er als der jeweilige Mittelpunkt einer sich ständig ändernden Welt der Erfahrung existiert (1973a/1951, S. 418, These I) und daß dies seine Realität ist, auf die er reagiert (ROGERS, 1973a/1951, S. 419, These II). Dies bedeutet, daß sein Verhalten nur aus ihm selbst heraus zu erklären ist, nicht anhand einer "objektiven" Realität, sondern immer aus deren "subjektiven" Transformationen, die der Organismus selbst vorgenommen hat.

Diese These ist anstößig und absurd für alle, die auf der Existenz einer allgemein gültigen, absoluten Wahrheit bestehen, dabei aber ausblenden, daß wir einer objektiven Welt nur als Organismen und von einer bestimmten Position aus begegnen. Mit seiner Auffassung stand ROGERS jedoch nicht alleine. Er hat sich auf eine Reihe von ihm explizit genannter Autoren gestützt und befand sich in einer Tradition, die inzwischen in der modernen Naturwissenschaft und Biologie weiterentwickelt und präzisiert wurde und immerhin mit Nobelpreisen gewürdigt worden ist. Sie läßt sich mit dem Stichwort "Selbstorganisation von Organismen" kennzeichnen, die sich auf allen Ebenen, von den elementaren Stoffwechselprozessen bis hin zur Organisation komplexen Verhaltens vorfinden läßt.

So hat die Allgemeine Systemtheorie Prozesse der Selbstorganisation experimentell belegt und u.a. mit dem Begriff der Äquifinalität beschrieben. In traditionellen physikalischen Systemen ist deren Endzustand durch die Anfangsbedingungen determiniert. Werden diese oder der Ablauf der Prozesse verändert, verändert sich auch der Endzustand. Anders bei lebenden Systemen: hier kann der gleiche Endzustand von unterschiedlichen Ausgangsbedingungen aus und auf verschiedenen Wegen erreicht werden. Ein solches als "äquifinal" bezeichnetes Verhalten tritt immer dann ein, wenn die Prozesse des Systems im wesentlichen durch dessen eigene Systemparameter bestimmt werden, im Falle lebendiger Organismen durch deren eigene Prozeßmerkmale (vgl. von BERTALANFFY et al., 1977, S. 63 ff.).

Dieser Sachverhalt zeigte sich u.a. in dem berühmten Experiment von DRIESCH (1891), das auch von ROGERS als Beispiel herangezogen wird: aus einem halbierten befruchteten Seeigelei entwickelte sich nicht ein halber, sondern ein vollständiger Seeigel. Für DRIESCH stand dies noch im Widerspruch zu den physikalischen Gesetzen. Denn aus dem zweiten Hauptsatz der Wärmelehre folgt eine prinzipielle Zunahme der

Entropie, d.h. ein Zerfall der Ordnung im System. Was sich jedoch in dem Versuch von DRIESCH offenbarte, war ein Prinzip zunehmender Ordnung, welches DRIESCH als Protagonist des "Vitalismus" auf das Wirksamwerden einer eigenen seelenartigen Entelechie, den "Elan vital" zurückgeführt hat. Allerdings hat diese Erklärung den Schönheitsfehler eines Zirkelschlusses, denn sie erklärt ein Phänomen durch sich selbst, gleichsam wie die Armut durch die "pauvretée".

Inzwischen ist dieser Mangel prinzipiell überwunden. PRIGOGINE und seine Arbeitsgruppe haben zunächst auf den speziellen Geltungsbereich des zweiten Hauptsatzes der Wärmelehre hingewiesen, nämlich isolierte Systeme, d.h. solche, die mit ihrer Umgebung weder Materie noch Energie austauschen. Darüber hinaus haben sie für offene Systeme, d.h. solche, die mit ihrer Umgebung Energie und Materie austauschen - und zu ihnen zählen die lebenden Organismen - spezifische Prozesse beschrieben, die in den Merkmalen der Selbstorganisation, der Selbstdifferenzierung und der Selbsterhaltung solcher Systeme resultieren (vgl. PRIGOGINE & STENGERS, 1980; NICOLIS & PRIGOGINE, 1987).

In der biologischen Grundlagenforschung haben MATURANA und VARELA mit dem Begriff der "Autopoiese" (= "Selbstherstellung") das konstituierende Merkmal lebender Organismen gefaßt (MATURANA & VARELA, 1975; MATURANA, 1985). Ein autopoietisches System ist "... ein System, das zirkulär die Komponenten produziert, aus denen es besteht, das sich also über die Herstellung seiner Bestandteile selbst herstellt und erhält" (ROTH, 1987; S. 52). Solche Systeme folgen dem Prinzip der "Selbstreferentialität", d.h. sie sind so organisiert, daß ihre "Zustände zyklisch interagieren, sodaß jeder Zustand des Systems an der Hervorbringung des jeweils nächsten Zustandes konstitutiv beteiligt ist" (ROTH, 1986, S. 157). Das hat Konsequenzen, denn in welchem Zustand ein Organismus auch sein mag, er wurde durch den vorausgehenden hervorgebracht. Und er bestimmt seinerseits den auf ihn folgenden. Die Produktionsregeln hierfür sind in ihm selbst begründet. Außerdem sind autopoietische Systeme "hinsichtlich ihrer Zustände *operational abgeschlossen*. Sie sind zwar - zumindest teilweise - durch externe Ereignisse *modulierbar* oder beeinflußbar, sind aber *nicht steuerbar*. Sie definieren selbst, welche Umweltereignisse in welcher Weise auf die Erzeugung ihrer Zustandsfolgen einwirken können" (ROTH, 1986, S. 157 f.). Dies entspricht genau der oben zitierten klientenzentrierten Grundauffassung vom Organismus.

Dieses Prinzip bekamen BRELAND & BRELAND (1961) zu spüren, zwei Schüler von SKINNER, die voller Optimismus die Theorie des operanten Verstärkens als technisches know how benutzten, um den verschiedensten Tierarten allerlei Kunststückchen zu Zwecken der Unterhaltung und der Werbung anzudressieren, dabei jedoch merkwürdige Fehlschläge erlitten. So konnten mehr als 50% der Hühner mit allen operanten Tricks nicht davon abgebracht werden, bei einer bestimmten Szene einige Zeit ruhig stehen zu bleiben, ohne mit ihren Füßen zu scharren. Waschbären lernten zwar schnell, *eine* Münze in eine Sparbüchse zu stecken, waren bei *zweien* aber völig überfordert: anstatt sie in die Dose zu tun, bestanden sie darauf, sie permanent aneinander zu reiben. Schweine, die hölzerne Dollarmünzen der Reihe nach auf eine "Schweine-Bank" bringen sollten, begannen nach einiger Zeit merkwürdig zu trödeln: sie ließen die Münzen auf den Boden fallen, wühlten sie heraus, ließen sie wieder fallen, wühlten usw., sodaß die spärlich ergatterten Verstärkerhäppchen ihren Nahrungsbedarf nicht mehr deckten. Von diesen Erfahrungen genervt gaben BRELLAND & BRELLAND ihrem Bericht den ironischen Titel "The misbehavior of organisms" und wiesen der *arteigenen Verhaltensorganisation* der Organismen die maßgebliche Rolle zu.

Ein anderes Beispiel stammt aus dem humanpsychologisch-therapeutischen Bereich: Bei seinem Versuch, ein gegenüber dem Standardverfahren nach WOLPE & LAZARUS um kognitive Anteile erweitertes Therapieverfahren bei Schlangenphobien zu evaluieren, behandelte MEICHENBAUM (1979, S. 109 ff.) eine Klientengruppe mit dem folgenden Arrangement:

1. Therapeut präsentiert die Schlange.
2. Klient sagt: "Sie ist widerlich, ich möchte sie nicht sehen!"
3. Therapeut schaltet einen elektrischen Strafreiz ein.
4. Klient sagt: "Ich entspanne mich, ich kann sie anfassen".
5. Therapeut schaltet Strafreiz aus.
6. Klient entspannt sich.

Aus irgendwelchen Gründen führte er, neben der mit dem Standardverfahren von WOLPE & LAZARUS behandelten Gruppe, eine weitere
Gruppe mit einem umgekehrten Behandlungsprogramm ein:
1. Therapeut präsentiert die Schlange.
2. Der Klient sagt: "Ich entspanne mich, ich kann sie anfassen".
3. Therapeut schaltet einen elektrischen Strafreiz ein.
4. Klient sagt: "Sie ist widerlich, ich möchte sie nicht sehen!"
5. Therapeut schaltet Strafreiz aus.
6. Klient entspannt sich.
Jedem Psychologiestudenten im 3. Semester ist klar, was der klassischen Lerntheorie nach eigentlich passieren müßte: eine Stabilisierung,
wenn nicht gar Verschlimmerung der Schlangenphobie. Tatsächlich
erwiesen sich aber beide Verfahren als therapeutisch gleich effizient. Die
Klienten dieses merkwürdigen Arrangements, von MEICHENBAUM be-
fragt, erzählten, daß sie bei der Präsentation der Schlange von sich aus
Selbstanweisungen produziert hatten, um sich auf den elektrischen
Schock vorzubereiten. Sie hatten also von sich aus ihre eigenen Bewälti-
gungsmöglichkeiten entwickelt und die angeblich angsterzeugende
Selbstanweisung ("Sie ist widerlich, ich möchte sie nicht sehen") als
Mitteilung an den Therapeuten verstanden, doch bitteschön den Strom
abzuschalten. Auch dieser Fall von "misbehavior of organisms" erweist
sich als Beispiel für die Selbstorganisation von Organismen, hier bei der
Bewältigung von Streßsituationen.
Ein letztes Beispiel: In einer Evaluationsstudie (HÖGER & BÖDDEKER,
1990) über die Effekte einer drei Monate langen stationären Behandlung
eßgestörter Patientinnen ergab sich, daß sich speziell die Anorektikerinnen *ohne* bulimische Symptomatik (Abstainer) von den übrigen Gruppen
eßgestörter Patientinnen *mit* bulimischer Symptomatik sowie der
Normpopulation im Gießen-Test durch deutlich erhöhte Werte in der
Dimension "ZW-UK" ("Zwanghaftigkeit vs. Unterkontrolliertheit") unterschieden. Es liegt nahe, diese betonte interne Kontrolle mit der extremen
Kontrolle der eigenen Nahrungsaufnahme in Zusammenhang zu bringen.
Und dies wiederum könnte zu dem Schluß führen, auflockernde Maßnahmen, die die allgemeine Kontrollneigung der Abstainer reduzieren,
müßten auch das Symptom, nämlich die übergroße Kontrolle des Eßver-
haltens, zum Verschwinden bringen oder doch zumindest mildern.

Etwas Ähnliches scheinen auch die Therapeuten der Klinik gedacht zu haben, zumindest deuten die am Ende der dreimonatigen Behandlung signifikant reduzierten Testwerte darauf hin, daß die therapeutischen Interventionen in Richtung einer verminderten inneren Kontrolle gingen und effizient waren. Merkwürdig ist nur, daß sich bei einer katamnestischen Erhebung 1½ bis 2½ Jahre nach der Behandlung das Symptom ausgerechnet bei denjenigen Patientinnen als besonders stabil erwies, die im Laufe der Behandlung ihre Kontrolltendenz vermindert hatten. (Dieser Effekt fehlte typischerweise bei den folgenden Behandlungsjahrgängen der Klinik, deren therapeutische Leitung inzwischen gewechselt hatte: Während der Behandlung nahm die interne Kontrolle bei den Abstainern *nicht* mehr ab, und zwischen der Abnahme der internen Kontrolle und einer Stabilisierung des Symptoms bestand auch kein Zusammenhang mehr.)

In all diesen Beispielen zeigt sich stets das gleiche Prinzip: Lebendige Organismen sind durch äußere Einwirkungen zwar beeinflußbar, aber nicht steuerbar. Sie bestimmen selbst, wie sie äußere Gegebenheiten aufgreifen und auf sie reagieren. Aber: Der Begriff "Autopoietische Systeme" schließt deren unaufhebbare Abhängigkeit von ihrer Umwelt mit ein, denn die dem Organismus eigenen Prozeßregeln können dessen Selbstherstellung ohne die auf sie abgestimmten Ressourcen nicht betreiben. Die Prozeßregeln des autopoietischen Systems und die strukturellen Bedingungen seiner Umgebung sind notwendig aufeinander komplementär abgestimmt.

Diese spezifische Wechselbeziehung zwischen einem bestimmten autopoietischen System und seiner Umwelt wird als *"Strukurelle Koppelung"* bezeichnet. Um existent zu bleiben, d.h. zu überleben, muß der Organismus in einer (auch durch seine eigene Aktivität) sich ständig ändernden Umwelt seine Prozeßregeln immer neu auf die geänderten Bedingungen abstimmen. Die Prinzipien Kontinuität und Veränderung, die sich scheinbar ausschließen, setzen sich damit wechselseitig voraus, und jeder Organismus besitzt, um seine Kontinuität zu wahren, in sich selbst das Potential zu seiner eigenen konstruktiven Veränderung. Zu deren Realisierung haben sich im Verlauf der Evolution die unterschiedlichsten Funktionen und Mechanismen entwickelt.

Zur Aktualisierungstendenz

Dieses jedem Organismus eigene Potential zur konstruktiven Veränderung seiner selbst in einer gegebenen Umwelt korrespondiert mit dem, was ROGERS als grundlegendes Merkmal allen organischen Lebens bezeichnet hat, nämlich dessen "Neigung zur totalen, organisierten, zielgerichteten Reaktion" und zwar für physiologische wie für psychische Reaktionen (1973a/1951, S. 421). Die durchgehende Tendenz des Organismus, sich selbst zu erhalten und zu erhöhen, d.h. sich zu differenzieren und weiterzuentwickeln, hat ROGERS als "Aktualisierungstendenz" bezeichnet. Alle organischen Funktionen und psychischen Bedürfnisse sind in ihr, dem "Substrat aller menschlichen Motivation" (ROGERS, 1978, S. 270) als ihre Teilaspekte zusammengefaßt.

Auffallend sind allerdings die Widersprüchlichkeiten in ihren näheren Beschreibungen durch ROGERS (vgl. HÖGER, 1990): Es dominiert zwar die positiv gewertete Richtung auf Wachstum, größere Differenzierung, Erweiterung der Möglichkeiten, Selbstverantwortlichkeit, Selbstregulierung und sozial konstruktives Verhalten (vgl. ROGERS, 1973a/1951). Als übergreifendes und umfassendes, dem Wachstum zugrundeliegendes Lebensprinzip bricht sie sich in jedem Falle Bahn, "ob die Umwelt diese Tendenz nun begünstigt oder nicht" (ROGERS & WOOD, 1977, S. 136). Wir können aber auch lesen, "daß es eine Unzahl von Umständen in der Umwelt gibt, die den menschlichen Organismus davon abhalten, sich in Richtung auf Aktualisierung hin zu bewegen," es kann sein, "daß die Aktualisierungstendenz im Wachstum behindert oder gänzlich zum Stillstand gebracht wird; daß sie eher sozial destruktive als konstruktive Wege einschlägt. In dieser Hinsicht ist der Mensch wenig von anderen Organismen verschieden, abgesehen davon, daß es für den Menschen, weil er komplexer ist, zahlreichere Möglichkeiten gibt, durch die normale Neigungen verdreht oder blockiert werden können" (ROGERS, 1991b/1980, S. 212).

Offenbar hat ROGERS erhebliche Schwierigkeiten gehabt, die ihm wohl bekannten destruktiven Entwicklungen, die ein Teil menschlichen Daseins sind, zusammen mit den konstruktiven in einer einzigen Tendenz zu vereinbaren.

Wenn wir versuchen, diese Widersprüchlichkeit zu entflechten, so erweist sich in allen Darstellungen von ROGERS die konstruktive Entwicklung als an günstige Umweltbedingungen gebunden. In der Sprache autopoietischer Systeme formuliert, setzt sie im Rahmen der strukturellen Koppelung von Organismus und Umwelt eine für die Selbstherstellungsprozesse hinreichend angemessene Umwelt voraus, oder in der Sprache der Evolutionstheorie eine "Umwelt der evolutionären Angepaßtheit" (BOWLBY, 1975), d.h. eine solche, deren wesentliche Merkmale denen äquivalent sind, unter denen sich die stammesgeschichtliche Entwicklung des Organismus vollzogen hat. Hier hat er die Freiheit, seine eigentliche Natur zu entfalten, kann er seine maximalen Möglichkeiten verwirklichen. Man kann hier von dem Teilaspekt *Entfaltung*" der Aktualisierungstendenz sprechen.

Dem stehen all die Formen und Mechanismen gegenüber, über die ein Organismus in einer gegebenen Situation verfügt, um auch unter widrigen Umständen seine Existenz aufrecht zu erhalten; und "Existenz" beschränkt sich hier nicht auf das rein physische "Überleben", sondern bezieht die Integrität und Identität der Person in ihrer spezifischen Eigenart mit ein. Dem Aspekt der "Entfaltung" stünde damit als zweiter die *"Erhaltung"* gegenüber.

Obwohl ROGERS in seinen Definitionen der Aktualisierungstendenz beide Aspekte, das "Erhalten" und das "Erhöhen" ("enhance" = erhöhen, vergrößern, steigern, heben) als Bestimmungsstücke ausdrücklich benennt, hat er offensichtlich Probleme gehabt, sie in ihrer Widersprüchlichkeit miteinander zu vereinbaren. Diese Schwierigkeit steht mit der Denkfigur der "Entelechie" in Zusammenhang, die, ursprünglich wesentlicher Bestandteil der Aristotelischen Naturlehre und vom Vitalismus aufgegriffen, das Denken von ROGERS bestimmt hat, wenn er von *einer* "Richtungs-Tendenz" spricht (ROGERS, 1973a/1951, S. 423), also einem Vektor, einer gerichteten Größe, die keine Zweiteilung zuläßt.

Ähnlich ist auch die Bezeichnung der Aktualisierungstendenz als "Motiv" eine Quelle von Mißverständnissen. Dieser in der Psychologie zur Erklärung der Art, der Intensität und des Andauerns von spezifischen Verhaltensweisen eingeführte Begriff impliziert ebenfalls die spezifische Gerichtetheit und Selektivität (Warum ißt ein bestimmter Student in diesem Augenblick eine Pizza, anstatt an seinem Referat weiterzuarbeiten?). Außerdem äußern sich Motive u.a. in spezifischen und konkreten Zielvorstellungen der motivierten Person ("Eine Pizza wäre jetzt genau das Richtige!"), die es jedoch für die Aktualisierungstendenz nicht gibt.

Wenn wir uns jedoch von der rein denkästhetischen Figur eines "einheitlichen Motivs" lösen und die in der Aktualisierungstendenz auch von ROGERS gesehene Vielfalt der Funktionen und Mechanismen ausdrücklich ins Auge fassen, dann ergeben sich enge Beziehungen zu (vor allem im Vergleich zum Vitalismus) aktuelleren Auffassungen. Die neuere Biologie, insbesondere die Vergleichende Verhaltensforschung, die Ethologie, sieht das gesamte Verhalten eines Organismus in einer integrierten Vielzahl von Verhaltenssystemen organisiert, die in koordinierter Weise den übergeordneten Zweck der Erhaltung und Entfaltung des Individuums erfüllen. Motive erhalten als Teilkomponenten des Organismus erst in ihrem Zusammenwirken ihren übergeordneten Sinn. Die Aktualisierungstendenz ist somit kein Motiv, sondern ein übergeordnetes Sinnprinzip. Genau dies hat ROGERS wohl gemeint, wenn er betonte, "daß diese Tendenz nur dem Organismus in seiner Gesamtheit innewohnt" (ROGERS, 1987/1959, S. 22).

Fazit:

Um Mißverständnisse zu vermeiden, ist es zweckmäßig, den Begriff der Aktualisierungstendenz

1. nicht als "Motiv", sondern explizit und konsequent als übergeordnetes, zusammenfassendes Prinzip menschlicher Motivation und Verhaltensorganisation zu definieren und
2. die beiden Aspekte der Entfaltung und der Erhaltung begrifflich strikt zu trennen und sie in ihrer Unterschiedlichkeit zu betonen, um der Komplexität dieses Begriffs und der Abhängigkeit des Organismus von den Umgebungsbedingungen gerecht zu werden.

Speziell unter dem erhaltenden Aspekt der Aktualisierungstendenz wäre es angebracht, Störungen und Krankheiten daraufhin zu untersuchen, inwieweit sie - vom Organismus aus verstanden - dessen zweckmäßige Antworten auf vergangene oder gegenwärtige widrige Umweltbedingungen waren oder sind.

Verhaltenssysteme

Wenn wir Motive bzw. Bedürfnisse als Teilkomponenten der Aktualisierungstendenz eines Organismus verstehen, dann ist es zweckmäßig, sich
nach Denkmodellen umzusehen, um die Organisation des Verhaltens
angemessen beschreiben und verstehen zu können. Das in der Ethologie
im Zusammenhang mit dem Instinktbegriff entwickelte Modell der
Verhaltenssysteme erscheint als für das Verstehen von Organismen
besonders gut geeignet, denn es überwindet nicht nur das behavioristi-
sche Reiz-Reaktions-Schema, sondern ebenso den in der Psychoanalyse
gebräuchlichen klassischen Triebbegriff.

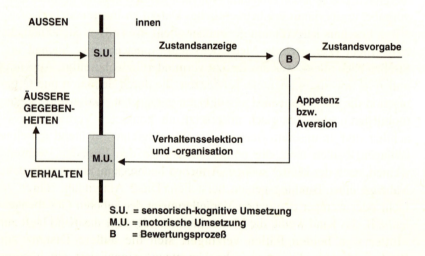

In der hier gebotenen Kürze kann dieses Denkmodell nur sehr stark
vereinfacht dargestellt werden. Genaueres findet sich bei BISCHOF
(1975, 1985) oder WATERS (1982). In seinen Grundzügen entspricht es
dem bekannten Regelmodell (vgl. Abbildung). In dieser Darstellung sind
links vom dicken Strich die äußeren Sachverhalte symbolisiert, rechts
die inneren. Auf der Grenze liegen die zwischen außen und innen ver-
mittelnden Prozesse: die sensorisch-kognitive Umsetzung (S.U.) der
äußeren Gegebenheiten in innere Prozesse und die motorische Umsetzung (M.U.) innerer Prozesse in Verhalten.

Innerhalb des Organismus sind zu jedem gegebenen Augenblick bestimmte "Zustandsvorgaben" als Ziel repräsentiert. Beispiel: Ein Kleinkind ist hingefallen, hat sich wehgetan und ist bekümmert. In dieser Situation hat es als Zustandsvorgabe (als Ziel) ein relativ hohes Ausmaß an innerer Sicherheit. Diese Sicherheit kann es in der Nähe zu einer vertrauten Person gewinnen, zu der es eine Bindungsbeziehung aufgebaut hat und die es trösten kann. Die sensorisch-kognitive Umsetzung der äußeren, für diese Zielvorgabe relevanten Gegebenheiten mag ergeben, daß zwar Personen anwesend sind, zu ihnen aber keine Bindungsbeziehung besteht. Dadurch ist der Zustand der inneren Sicherheit auf einem relativ niedrigen Niveau. Der Bewertungsprozeß, der Vergleich des inneren Zustandes mit der inneren organismischen Zielvorgabe, ergibt damit ein beträchtliches Defizit an innerer Sicherheit.

Das Ergebnis ist Aversion gegenüber allem, was dieses Sicherheitsdefizit erhöht (z.B. fremde Menschen) und Appetenz, d.h. Suchen und Streben nach allem, was das Defizit vermindert bzw. beseitigt. Appetenz und Aversion sind gerichtete Tendenzen, die durch Selektion und Organisation die im Organismus verfügbaren geeigneten Aktionsfertigkeiten mobilisieren, die, motorisch umgesetzt, als konkretes Verhalten beobachtbar sind. In unserem Beispiel schaffen wegrennen, wütend schreien, schlagen, beißen usw. die nötige Distanz zu den Fremden, während weinen, nach der Mutter suchen, Ärmchen hochrecken, ankuscheln usw. Nähe zu einer Bindungsperson herstellen. Diese Aktivitäten führen zu mehr oder weniger deutlichen Veränderungen der äußeren Gegebenheiten, z.B. das Kind weint, die Mutter kommt, oder aber das Kind läuft zur Mutter - in beiden Fällen verringert sich die äußere Distanz zur Bindungsperson, die sensorische Umsetzung signalisiert ein höheres Ausmaß an Sicherheit, das Sicherheitsdefizit verschwindet, die zugehörende Appetenz erlischt.

Das Denken im Modell des Verhaltenssystems hat eine Reihe von Vorteilen.

1. Im Unterschied zum Triebmodell der klassischen Psychoanalyse treten hier zur Erklärung eines bestimmten Verhaltens an die Stelle eines Potentials psychischer Triebenergie nunmehr differenziertere Vorstellungen wie Informationsverarbeitung, Rückkopplung, Verhaltensorganisation, Verhaltenspläne usw. Sie gewährleisten eine

bessere Übereinstimmung mit den Beobachtungen. So versuchen Kleinkinder nicht so lange Nähe zu ihren Bindungspersonen herzustellen, bis eine "Bindungsenergie" o. dgl. erschöpft, sondern bis diese Nähe hergestellt ist, bis sie die Information "Mutter ist da und kümmert sich um mich" aufgenommen haben. In diesem Moment wird diese Art zielgerichteten Verhaltens beendet. Sie beginnt aber erneut, wenn diese Nähe verloren geht, auch wenn sich mangels Zeit ein entsprechendes "Energiepotential" noch gar nicht neu aufbauen konnte. (Daß im Verhalten selbst Energie freigesetzt wird, ist hier nicht relevant, denn im Modell des Verhaltenssytems geht es um die *Steuerung* und *Organisation* des Verhaltens und damit des Energieeinsatzes.)

2. Das Modell der Verhaltenssysteme zeigt und verdeutlicht diejenigen Stellen, an denen Lernprozesse ansetzen, Lernprozesse allerdings, die nicht als den Organismus bestimmende äußere Manipulation zu verstehen sind, sondern als Prozesse der aktiven Veränderung der Selbstorganisation größerer oder kleinerer Teile des Organismus mit dem Ziel einer besseren Passung zwischen dem Organismus und den Umweltbedingungen. "Lerntheorien" ergeben sich dann nicht mehr (wie z.B. die des klassischen oder des operanten Konditionierens) aus den zufallsbedingten experimentellen Arrangements ihrer Autoren, sondern als Beschreibung bestimmter Formen der mittel- oder längerfristigen adaptiven Neuorganisation von Organismen sowie ihrer jeweiligen Bedingungen und Funktionen. Ansatzpunkte hierfür sind:

a) Die sensorisch-kognitiven Umsetzungsprozesse: Sie stellen die Beziehung zwischen den vorgefundenen äußeren Gegebenheiten und den aktuellen inneren Zustandsvorgaben her. Die angeborenen Selektions- und Organisationsschemata werden im Zuge der Interaktion mit der Umwelt erweitert, präzisiert, differenziert usw. (z.B. wenn das Kind lernt, wen es als Sicherheit vermittelnde Bindungsperson erkennen kann).

b) Die dem Organismus verfügbaren Teile seines Verhaltensrepertoires: Ihre Funktion ist die Veränderung der äußeren Gegebenheiten im Sinne der Zustandsvorgaben. Durch die Interaktion mit der Umwelt werden auch sie erweitert, differenziert und präzisiert sowie durch Prozesse der Selektion und Organisation in zweckmäßiger Weise auf das Verhaltensziel hin koordiniert (z.B. wenn das Kind lernt, mit welchen Verhaltensweisen es die Nähe zu seiner Bindungsperson herstellen kann).

3. Das Denken in Verhaltenssystemen ermöglicht es, die Mehrdeutigkeit einzelner Verhaltensweisen zu bewältigen, d.h. sie genau zu verstehen. Gleiche Verhaltensweisen können im Dienste unterschiedlicher Verhaltenssyteme stehen. Wenn z.B. A auf B zugeht, dann kann er dies tun, um bei B Trost und Nähe zu suchen oder umgekehrt, Trost zu geben. A kann dies aber auch tun, um eine interessante fremde Person kennenzulernen oder aber eine bedrohliche Person anzugreifen usw. Das Denken in Verhaltenssystemen stellt einzelne Verhaltensweisen in einen Kontext, der ihnen Sinn gibt.

4. Die verschiedenen Verhaltenssysteme sind als untereinander organisiert und vernetzt mit zwischen ihnen bestehenden Querverbindungen zu denken. Sie können einander wechselseitig ergänzen, ausschließen usw. Dabei erhält und verarbeitet ein Verhaltenssystem nicht nur Informationen über die Gegebenheiten der Außenwelt, sondern auch über den Zustand der Komponenten anderer Verhaltenssysteme, die dann, quasi "von ihm aus gesehen", die Funktion "äußerer Gegebenheiten" besitzen.

5. In der Ethologie werden *umweltstabile* und *umweltlabile* biologische Charaktere unterschieden, je nach dem Ausmaß, in dem beispielsweise das Instinktverhalten durch Umwelteinflüsse modifiziert werden kann. Instinktverhalten äußert "sich nicht als stereotype Bewegung, sondern als idiosynkratische Leistung eines spezifischen Individuums in einer spezifischen Umwelt .., als eine Leistung, die nichtsdestoweniger ein erkennbares Muster bildet und in der Mehrheit aller Fälle zu einem voraussehbaren Resultat führt, das einem Individuum oder der Art zugute kommt" (BOWLBY 1975, S. 51). Nach dieser in den Sozialwissenschaften zumeist ignorierten Auffassung ist Instinktverhalten nicht vererbt. Was vererbt wird, ist das Potential, Verhaltenssysteme zu entwickeln. Deren Art und Ausprägung unterscheidet sich je nach der Umgebung, in der die Entwicklung stattgefunden hat.

Bei instinktnahen Verhaltenssystemen können sich die Merkmale Umweltstabilität und Umweltlabilität auf verschiedene Aspekte beziehen: einerseits auf ihr Entstehen überhaupt, andererseits auf die Art, in der sie sich ausgestalten. So ist beispielsweise das Verhaltenssystem "Nahrungsaufnahme" absolut umweltstabil insofern, als es bei jedem Menschen vorhanden ist, höchst umweltlabil aber bezüglich dessen, was appetitanregend wirkt oder nicht (z.B. gebakkener Igel) sowie der Art, wie Menschen ihre Nahrung zu sich nehmen (mit Messer und Gabel, Stäbchen usw.).

6. Im Rahmen des Denkmodells der Verhaltenssysteme sind Emotionen die Repräsentanten unterschiedlicher Arten von Handlungsbereitschaften, die aus spezifischen Diskrepanzen zwischen bestimmten Zustandsvorgaben und Zustandsanzeigen resultieren. Insofern geben sie Auskunft über die Bewertung des inneren Zustandes, der äußeren Gegebenheiten und der Beziehungen zwischen beiden durch den Organismus selbst. Gefühle begleiten auch die Handlungen selbst, je nach deren Verlauf und Konsequenzen.

Beziehung als Grundlage menschlicher Entwicklung

In seinen theoretischen Vorstellungen räumt ROGERS zwischenmenschlichen Beziehungen *den* zentralen Stellenwert ein, nicht nur unter den Bedingungen für konstruktive psychotherapeutische Veränderungen (ROGERS, 1991a/1957), sondern für die menschliche Entwicklung überhaupt (ROGERS, 1987/1959, S. 48 ff.). Die Inhalte und Werte des Selbst sowie das Ausmaß von Kongruenz bzw. Inkongruenz zwischen Selbst und Erfahrung, und damit die Bedingungen für das gesunde oder gestörte Funktionieren einer Person, sah er in den Beziehungserfahrungen vor allem des Kindes mit den für es bedeutsamen Personen begründet.

ROGERS war zunächst nicht sicher, ob dieses in diesem Zusammenhang so entscheidende Bedürfnis des Kindes nach positiver Beachtung durch seine Bezugspersonen angeboren oder erlernt sei (ROGERS, 1987/1959, S. 34), neigte aber später aufgrund der Versuche von HARLOW an Kapuzineräffchen vorsichtig dazu, zumindest die Vorliebe für bestimmte Merkmale der Beziehungsobjekte für angeboren zu halten (ROGERS, 1973b/1961, S. 59 f.).

Inzwischen haben die empirischen Forschungergebnisse im Rahmen der von BOWLBY begründeten, von AINSWORTH, MAIN u.a. sowie hier in Deutschland vor allem von GROSSMANN & GROSSMANN und ihren Mitarbeitern weitergeführten Bindungstheorie klar gezeigt, daß Säuglinge und Kleinkinder das angeborene Bedürfnis haben, sich 1. an eine eng begrenzte Zahl vertrauter Personen zu binden und 2. sich der zuverlässigen Verfügbarkeit und Zuwendung dieser Bindungspersonen zu versichern. Dieses elementare Bedürfnis, darstellbar in einem Verhaltenssystem, dem "Bindungssystem" (BOWLBY, 1975), das sich u.a. auch bei nichtmenschlichen Primatenjungen zeigt und dessen strikte Vereitelung zu massiven Entwicklungsstörungen führt (vgl. HARLOW & MEARS, 1979; HARLOW & ZIMMERMANN, 1959; SPITZ, 1957), erhält insbesondere beim Menschen eine besonders zwingende biologische Bedeutung insofern, als das Kind, verglichen mit den anderen Primatenjungen, physiologisch zu früh geboren wird. Erst mit 18 Monaten erreicht es einen Reifestand, der dem eines neugeborenen nichtmenschlichen Primaten entspricht (PORTMANN, 1956).

Dies bedeutet, daß das nackte Überleben des menschlichen Säuglings und Kleinkindes von der verläßlichen Verfügbarkeit einer betreuenden Person zwingend abhängt. Dies erklärt, warum alle anderen Bedürfnisse diesem einen Bedürfnis des Kindes nach akzeptierender Zuwendung durch eine verläßlich zugängliche Beziehungsperson weitgehend nachgeordnet sind. Wir wissen u.a. durch die Beobachtungen von SPITZ, daß Babys beim Verlust der Bindungsperson ihre Lebensäußerungen weitgehend einstellen, im Extremfall bis hin zum eigenen Tod. *Das Bindungssystem ist somit ein unverzichtbarer Bestandteil des erhaltenden Aspekts der Aktualisierungstendenz.* Diesen Zusammenhang hat ROGERS so noch nicht hergestellt, er unterstreicht jedoch seine diesbezüglichen theoretischen Annahmen und Folgerungen mit allem Nachdruck.

Wie BISCHOF (1975) in Simulationsstudien und u.a. AINSWORTH et al. (1978) in systematischen Beobachtungen gezeigt haben, steht das Streben nach Sicherheit, die durch eine zuverlässige Erreichbarkeit der Bindungspersonen gewährleistet ist, mit dem Streben nach Erkunden, dem Eingehen von Risiken bei der Exploration von Neuem und Fremdem in unmittelbarer Wechselwirkung: Die Bereitschaft, den eigenen Aktionsradius zu erweitern, sich Unbekanntem zu nähern, Neues auszuprobieren, neue Möglichkeiten zu entwickeln, setzt das Erfahren einer sicheren Basis voraus. Dieses Bestreben nach Erweiterung ist jedoch nichts anderes als die Grundlage für den entfaltenden Aspekt der Aktualisierungstendenz. Und die empirisch belegte Verknüpfung zwischen beiden zeigt: *Um wirksam werden zu können, setzt der entfaltende Aspekt der Aktualisierungstendenz die ausreichende Gewährleistung des erhaltenden Aspekts voraus.*

Der oben erwähnte relative physiologische Entwicklungsrückstand des neugeborenen Menschen bedeutet, daß in einem Reifezustand, mit dem ein Schimpanse geboren wird, das menschliche Kind bereits 18 Monate an Lernerfahrungen in einer Welt hinter sich hat, die wesentlich durch die Interaktion mit seinen Bindungspersonen bestimmt ist. Wie u.a. MAIN (1982) gezeigt hat, bilden Kinder aufgrund ihrer Erfahrungen aus den Interaktionen mit den Bindungspersonen, d.h. deren mehr oder weniger zuverlässiger Verfügbarkeit, dem Ausmaß, in dem diese bei Kummer Schutz und Trost geboten oder verweigert haben, den Bedingungen, unter denen sie verfügbar waren usw. eine innere Repräsentation dieser Bindungserfahrungen, das weitgehend unbewußte und stabile *"Innere Arbeitsmodell"* ("inner working model"). Es repräsentiert das Bild der eigenen Person, das der Bindungsperson(en) sowie der Beziehung(en) zu ihnen und regelt das Verhalten ihnen gegenüber (BOWLBY, 1975). In ihm sind auch die Alternativ- und Abwehrstrategien enthalten, die das Kind bei einer fehlenden oder defizitären Bindungsbeziehung entwickelt hat. In seiner Definition entspricht dieses Konstrukt dem "Selbst" nach ROGERS.

Aufgrund systematischer Beobachtungen des Verhaltens von 12 Monate alten Kindern in Bindungsbeziehungen haben AINSWORTH et al. (1978) gezeigt, daß sie sich nach ihrem Bindungsverhalten einer begrenzten Anzahl relativ homogener beschreibbarer Bindungsmuster zuordnen lassen, die sich auch im Alter von 18 Monaten als stabil erweisen und in engem Zusammenhang mit der *"Feinfühligkeit"* der Bindungspersonen stehen (nach den bisher vorliegenden Untersuchungen: der Mütter). Feinfühligkeit ist definiert als die Fähigkeit, 1. kindliche Signale wahrzunehmen, 2. richtig zu interpretieren, 3. prompt und 4. angemessen zu beantworten (die Äquivalenz zur positiven-empathischen Beachtung im Sinne von ROGERS drängt sich geradezu auf).

Diese mit dem Inneren Arbeitsmodell korrespondierenden Bindungsmuster haben sich in Längsschnittuntersuchungen u.a. als maßgebend für die Entwicklung der Empathiefähigkeit der Kinder (FREMMER-BOMBIK & GROSSMANN, 1991), ihre soziale Kompetenz im Kindergarten (SUESS, 1987) und die Art ihrer Interaktion mit den Bindungspersonen im Einschulungsalter erwiesen (MAIN & CASSIDY, 1988). Auswirkungen der eigenen frühen Bindungserfahrungen im Erwachsenenalter wurden belegt u.a. auf den Umgang mit den eigenen Kindern (FREMMER-BOMBIK, 1987; MAIN & GOLDWYN, 1985), das Sozialverhalten (KOBAK & SCEERY, 1988) oder die Gestaltung von Liebesbeziehungen (COLLINS & READ, 1990). Dies bedeutet: Das Innere Arbeitsmodell löst sich im Laufe seiner weiteren Entwicklung von der spezifischen Verknüpfung mit den Bindungspersonen, generalisiert und ist Grundlage für die Gestaltung der späteren zwischenmenschlichen Beziehungen überhaupt. Darüber hinaus haben sich die Bindungserfahrungen bzw. das Innere Arbeitsmodell der Bindungsbeziehungen als entscheidend für die Organisation bindungsrelevanter Gefühle, ja der Emotionen und deren Regulation überhaupt erwiesen (SPANGLER, 1991; K. GROSSMANN, 1990).

Kehren wir zum Modell der Verhaltenssysteme zurück und stellen wir den Zusammenhang zum "Inneren Arbeitsmodell" bzw. dem "Selbst" her, so ergeben sich für das Verständnis der menschlichen Verhaltensorganisation und -regulation bedeutsame Konsequenzen: Höhere Organismen, z.B. Schimpansen, verfügen über die Fähigkeit zur inneren Simulation der äußeren Gegebenheiten als Basis für inneres Probehandeln. Dieses Potential hat bei der phylogenetischen Entwicklung des Menschen einen qualitativen Sprung erfahren. Es ist nicht nur besonders differenziert, sondern zudem in der Lage, zusätzlich zu den äußeren Gegebenheiten noch die inneren Zustände sowie die Relationen zwischen beiden zu repräsentieren, die außerdem noch in die Vergangenheit und die Zukunft projiziert werden können. D.h. auf dieser Repräsentationsebene befinden sich Abbildungen im Sinne von Äquivalenten der eigenen Verhaltenssysteme.

Dieses Repräsentationssystem ist beim Menschen jedoch - anders als bei den übrigen höheren Wirbeltieren - handlungsleitend geworden, mehr noch als die erfahrene Realität selbst. Es bedingt die überragende

Effizienz des Menschen bei der Bewältigung der Welt, ist aber gleichzeitig seine Achillesferse, denn wirksam wird dieses Handeln stets in der "wahren" Realität, dort ruft es seine Effekte hervor. Und so hängt die Funktionsfähigkeit der handelnden Person maßgeblich davon ab, inwieweit dieses Repräsentationssystem die Realität - die innere wie die äußere und die Beziehung zwischen beiden - angemessen abbildet, d.h. eine zuverlässige Orientierung gewährleistet. Die Angemessenheit dieser Abbildung ist aber letztlich nichts anderes als das, was in dem gesprächspsychotherapeutischen Begriff der Kongruenz/Inkongruenz gefaßt ist.

Damit schließt sich der Kreis: Der menschliche Organismus ist funktionell autonom insofern, als er in jedem Augenblick die Regeln seiner eigenen Selbstherstellungsprozesse - anders gesagt: seiner Selbstverwirklichung - in sich trägt. An seine Umwelt strukturell gekoppelt, ist er aber gleichzeitig abhängig von ihren Ressourcen, den ihm gemäßen Entwicklungs- bzw. Lebensbedingungen, die sie ihm bereitstellt. Unter ihnen kommt den sozialen, vor allem den Bindungsbeziehungen eine spezielle Bedeutung zu, denn sie beeinflussen in besonderer Weise das stetige Kontinuum der Selbstverwirklichung des menschlichen Individuums. Dieses Kontinuum der Selbstverwirklichung ist die unverwechselbare Geschichte seiner Erfahrungen, geprägt durch die unüberschaubare Vielfalt der stattgefundenen Lebensprozesse, die sich unter den Aspekten des Drucks, sich zu erhalten, und den Möglichkeiten, sich zu entfalten, zusammenfassen und einander gegenüberstellen lassen. Ihre Spuren sind es, die im menschlichen Organismus im jeweiligen Augenblick die aktuellen Regeln seiner Aktualisierungsprozesse bestimmen.

Diese Regeln der Aktualisierungsprozesse des Organismus sind zu einem wesentlichen Teil in einem orientierenden, verhaltensbestimmenden System der inneren Repräsentation der Welt und seiner selbst niedergelegt und über das "Selbst" zugänglich. Sie stellen im jeweiligen Moment die gegebene Disposition des Organismus dar, unter anderem seine Stabilität gegenüber den mehr oder weniger schwerwiegenden aktuellen Bedrohungen seiner eigenen Integrität und Existenz. Sie werden sichtbar in seiner kreativen Flexibilität - oder aber Anfälligkeit, die in der Starrheit und Stereotypie seiner Bewältigungsversuche erkennbar ist und die u.a. in Störungen und Krankheiten des Verhaltens und Erlebens ihren Niederschlag finden.

Literatur:

AINSWORTH, M.D.S., BLEHAR, M.C., WATERS, E. & WALL, S. (1978). Patterns of attachment. A psychological study of the strange situation. Hillsdale, N.J.: Erlbaum.

BERTALANFFY, L. von, BEIER, W. & LAUE, R. (1977). Biophysik des Fließgleichgewichts (2., bearb. und erw. Aufl.). Braunschweig: Vieweg.

BISCHOF, N. (1975). A systems approach toward the functional connections of attachment and fear. Child Development, 46, 801-817.

BISCHOF, N. (1981). Aristoteles, Galilei, Kurt Lewin - und die Folgen. In W. MICHAELIS (Hrsg.), Bericht über den 32. Kongreß der Deutschen Gesellschaft für Psychologie in Zürich 1980. Band 1. Göttingen: Hogrefe.

BISCHOF, N. (1985). Das Rätsel Ödipus. Die biologischen Wurzeln des Urkonfliktes von Intimität und Autonomie. München: Piper.

BOWLBY, J. (1975). Bindung. München: Kindler (Orig.: Attachment, 1969).

BRELLAND; K. & BRELLAND M. (1961) The misbehavior of organisms. American Psychologist, 16, 681-684.

COLLINS, N.L. & READ, S.J. (1990). Adult attachment, working models, and relationship quality in dating couples. Journal of Personality and Social Pychology, 58, 644-663.

DRIESCH, H. (1891). Entwicklungsmechanische Studien I. Der Werth der beiden Furchungszellen in der Echinodermenentwicklung. Experimentelle Erzeugung von Teil- und Doppelbildungen. Zeitschrift für wiss. Zoologie, 53, 160- 178.

FENTRESS, C.J. (1976). Dynamic boundaries of patterned behaviour: interaction and self-organization. In: P.P.G. BATESON & R.A. HINDE (Eds.). Growing points in ethology, 135-169. Cambridge: Cambridge Univ. Press.

FREMMER-BOMBIK, E. (1987). Beobachtungen zur Beziehungsqualität im zweiten Lebensjahr und ihre Bedeutung im Lichte mütterlicher Kindheitserinnerungen. Phil. Diss. Universität Regensburg (unveröff.).

GROSSMANN, K. (1990). Entfremdung, Abhängigkeit und Anhänglichkeit im Lichte der Bindungstheorie. Praxis der Psychotherapie und Psychosomatik, 35, 231-238.

GROSSMANN, K. E., FREMMER-BOMBIK, E., FRIEDL, A., GROSSMANN, K., SPANGLER, G. & SUESS, G. (1989). Die Ontogenese emotionaler Integrität und Kohärenz. In E. ROTH (Hrsg.), Denken und Fühlen, 36-55. Heidelberg: Springer.

HARLOW, H.F. & MEARS, C. (1979). The human model: Primate perspectives. New York: Wiley.

HARLOW. H.F. & ZIMMERMANN, R.R. (1959). Affectional responses in the infant monkey. Science, 130, 421-432.

HÖGER, D. (1990). Zur Bedeutung der Ethologie für die Psychotherapie. Aspekte der Aktualisierungstendenz und der Bindungstheorie. In G. MEYER-CORDING & G. SPEIERER (Hrsg.), Gesundheit und Krankheit. Theorie, Forschung und Praxis der klientenzentrierten Gesprächspsychotherapie heute (S. 30-53). Köln: GwG.

HÖGER, D. & BÖDDEKER, M. (1990). Anorektikerinnen und Bulimikerinnen vor und nach stationärer Behandlung im Spiegel des FPI-R und des Gießen-Tests. Unveröffentlichter Forschungsbericht. Universität Bielefeld.

KOBAK, R. & SCEERY, A. (1988). Attachment in late adolescence: Working models, affect regulation, and representations of self and others. Child Development, 59, 135-146.

KRIZ, J., LÜCK, H.E. & HEIDBRINK, H. (1987). Wissenschafts- und Erkenntnistheorie. Eine Einführung für Psychologen und Humanwissenschaftler. Opladen: Leske & Budrich.

MAIN, M. (1982). Vermeiden im Dienst von Nähe: Ein Arbeitspapier. In K. IMMELMANN, G. BARLOW, L. PETRINOVICH & M. MAIN (Hrsg.), Verhaltensentwicklung bei Mensch und Tier, 751-793. Berlin: Parey.

MAIN, M. & CASSIDY, J. (1988). Categories of response to reunion with the parent at age six: Predictable from infant attachment classification and stable over a one-month-period. Developmental Psychology, 24 , 415-426.

MAIN. M. & GOLDWYN, R. (1984). Predicting rejection of her infant from mother's representation of her own experience: Implications for the abused-abusing intergenerational cycle. Child Abuse and Neglect, 8, 203-217.

MATURANA, H.R. (1985). Erkennen: Die Organisation und Verkörperung von Wirklichkeit: Ausgewählte Arbeiten zur biologischen Epistemologie. (2. durchges. Aufl.). Braunschweig: Vieweg.

MATURANA, H. & VARELA, F. (1975). Autopoietic systems. Report BCL 9.4. Urbana, Ill.: Biological Computer Laboratory, Univ. of Illinois.

MEICHENBAUM, D.W. (1979). Kognitive Verhaltensmodifikation. München: Urban & Schwarzenberg.

NICOLIS, G. & PRIGOGINE, I. (1987). Die Erforschung des Komplexen. Auf dem Weg zu einem neuen Verständnis der Naturwissenschaften. München: Piper.

PORTMANN, A. (1956). Zoologie und das neue Bild des Menschen. Hamburg: Rowohlt.

PRIGOGINE, I. & STENGERS, I. (1980). Dialog mit der Natur. Neue Wege naturwissenschaftlichen Denkens. München: Piper.

ROGERS, C.R. (1973a). Die klient-bezogene Gesprächstherapie. München: Kindler. (Original: Client-centered therapy. Boston: Houghton Mifflin, 1951).

ROGERS, C.R. (1973b). Entwicklung der Persönlichkeit. Stuttgart: Klett. (Original: On becoming a person. Boston: Houghton Mifflin, 1961).

ROGERS, C.R. (1978). Die Kraft des Guten. Ein Appell zur Selbstverwirklichung. München: Kindler. (Original: On personal power - Inner strength and its revolutionary impact. New York: Delacorte Press, 1977).

ROGERS, C.R. (1987). Eine Theorie der Psychotherapie, der Persönlichkeit und der zwischenmenschlichen Beziehungen. Entwik-
kelt im Rahmen des klientenzentrierten Ansatzes. Köln: GwG.
(Original: A theory or therapy, personality and interpersonal
relationships as developed in the client-centered framework. In
S. KOCH (Hrsg.), Psychology: A study of a science. New York:
McGraw- Hill, 1959).

ROGERS, C.R. (1991a). Die notwendigen und hinreichenden Bedingungen für Persönlichkeitsentwicklung durch Psychotherapie. In
C.R. ROGERS & P.F. SCHMID, Personzentriert. Grundlagen
von Theorie und Praxis. Mit einem kommentierten Beratungsgespräch von Carl R. Rogers, S. 165-184. Mainz: Matthias-Grüne-
wald-Verlag. (Original: The necessary and sufficient conditions
of therapeutic personality change. Journal of Consulting
Psychology, 1957, 21, 95-103.

ROGERS, C.R. (1991b). Klientenzentrierte Psychotherapie. In C.R. RO-
GERS & P.F. SCHMID, Personzentriert. Grundlagen von Theo-
rie und Praxis. Mit einem kommentierten Beratungsgespräch von
Carl R. Rogers, S. 185-237. Mainz: Matthias-Grünewald-Ver-
lag. (Original: Client centered psychotherapy. In H.I. KAPLAN,
B.J. SADOCK & A.M. FREEDMAN (Hrsg.), Comprehensive
textbook of psychiatry, III, S. 2153-2168. Baltimore: Williams &
Wilkins, 1980).

ROGERS. C.R. & WOOD, J.K. (1977). Klientenzentrierte Theorie. In C.R.
ROGERS, Therapeut und Klient. Grundlagen der Gesprächspsychotherapie, S. 131-164. München: Kindler.

ROTH, G. (1986). Selbstorganisation - Selbsterhaltung -Selbstre-
ferentialität: Prinzipien der Organisation der Lebewesen und ihre
Folgen für die Beziehung zwischen Organismus und Umwelt. In
A. DRESS, H. HENDRICHS & G. KÜPPERS (Hrsg.), Selbstorganisation. Die Entstehung von Ordnung in Natur und Gesellschaft, S. 149-180. München: Piper.

ROTH, G. (1987). Autopoiese und Kognition: Die Theorie H. R. Maturanas und die Notwendigkeit ihrer Weiterentwicklung. In G. SCHIEPEK (Hrsg.), Systeme erkennen Systeme. Individuelle und methodische Bedingungen systemischer Diagnostik, S. 50-74. München: Psychologie Verlags Union.

SPANGLER, G. (1991). Die bio-psycho-soziale Perspektive am Beispiel der Entwicklung der emotionalen Verhaltensorganisation. Zeitschrift für Sozialisationsforschung und Erziehungssoziologie, 11, 127-147.

SPITZ, R. (1957). Die Entstehung der ersten Objektbeziehungen. Stuttgart: Klett.

SUESS, G. (1987). Auswirkungen frühkindlicher Bindungserfahrungen auf die Kompetenz im Kindergarten. Phil. Diss. Universität Regensburg (unveröff.).

WATERS, E. (1982). Persönlichkeitsmerkmale, Verhaltenssysteme und Beziehungen: Drei Modelle von Bindung zwischen Kind und Erwachsenem. In K. IMMELMANN, G. BARLOW, L. PETRINOVICH & M. MAIN (Hrsg.), Verhaltensentwicklung bei Mensch und Tier, 721-750. Berlin: Parey.

Inkongruenz und Abwehr
Der Beitrag von ROGERS zu einer
klientenzentrierten Krankheitslehre [1]

Panagiotis Panagiotopoulos

Die Anlehnung an einen Störungsbegriff ist in jeder Psychotherapie-Definition selbstverständlich und in der Psychotherapieforschung wesentlicher Parameter bei der Bestimmung und Erforschung therapeutischen Handelns (z.b. STROTZKA, 1978, BAUMANN, HECHT & MACKINGER, 1984). Psychische Störungen oder Probleme sind mit der Psychotherapie als Maßnahme funktional verbunden (BAUMANN, HECHT & MACKINGER, 1984). Es bleibt dennoch unklar, ob eine solche Verbindung direkt die Gegenstandsproblematik der Psychotherapie betrifft oder die Hilfsbedürftigkeit des Klienten als Anlaß oder Grund für die Durchführung von Psychotherapie ausdrückt (vgl. JANSSEN, 1993).

Ohne hier näher darauf eingehen zu können, läßt sich m. E. feststellen, daß in der psychotherapeutischen Praxis die konkrete Störung mitbedacht und mitbehandelt wird; die gesamte Behandlung schließt aber mehr ein als nur die der Störung!

Auch im Rahmen der schulenspezifischen Diskussion über die Gegenstandsproblematik von Psychotherapie finden wir einen ähnlichen Umgang mit dem Störungsbegriff. Er wird zwar als Bezugsgröße für die Psychotherapie-Definition berücksichtigt, seine Funktion wird damit oder dadurch jedoch nicht eindeutig bestimmt.

---

1 Bedanken möchte ich mich auch an dieser Stelle bei EVA-MARIA BIERMANN-RATJEN, JOCHEN ECKERT, HANS WOLFGANG LINSTER, WERNER KETTERER und GERLINDE VOGEL für die einflußreichen Diskussionen und Hinweise sowie die tatkräftige Unterstützung.

Der Störungsbegriff - und noch mehr der Krankheitsbegriff im schulmedizinischen Gebrauch - ist beim Versuch einer differenzierten Betrachtung und Bezeichnung von psychischen Zuständen wenig hilfreich, wenn nicht sogar eine umstrittene Größe. Dennoch wird der Krankheitsbegriff bei der Bestimmung von Psychotherapie als Leistung zu einer notwendigen Bezugsgröße (z.B. BACH, 1981). Denn - so die übliche Argumentation - er stellt trotz seiner Schwächen einen traditionell verankerten und entscheidenden Konsens sowohl für die Indikationsstellung als auch für eine Differenzierung des therapeutischen Handelns dar (s. auch MEYER et al., 1991).

Der Krankheitsbegriff wird im "Forschungsgutachten zu Fragen eines Psychotherapeutengesetzes" (MEYER et al., 1991, S. 26-28) m.E. nicht nur in unkritischer Weise übernommen und dem psychotherapeutischen Handeln als verbindliche Bezugsgröße zugetragen, sondern auch zu einem gewichtigen Kriterium - vor allem in der Bedeutung für eine ätiologische Krankheitslehre - hochstilisiert. In dieser Form wird er dann auch bei der Entscheidung der Anerkennungsfrage von Psychotherapierichtungen herangezogen. Im Falle der klientenzentrierten Psychotherapie wird im o. g. Forschungsgutachten festgestellt, daß ihr aufgrund der empirisch nachgewiesenen Behandlungserfolge eigentlich unwidersprochen die Anerkennung als Richtlinienverfahren zustünde (S. 84, Absatz 425). Eine Anerkennung als eigenständige Therapierichtung in der Psychotherapeutenausbildung könne sie aber (auch) wegen des Fehlens einer ätiologisch ausgerichteten klientenzentrierten Krankheitslehre nicht beanspruchen (S. 84, Absatz 421).

Es mag zunächst opportun erscheinen, von der klientenzentrierten Psychotherapie unhinterfragt eine Krankheitslehre zu verlangen oder - in Reaktion auf den Vorwurf des Fehlens - für die klientenzentrierte Psychotherapie gleich eine Krankheitslehre entwerfen zu wollen. Die derzeitigen Diskussionen und Entwicklungen zur Etablierung der Psychotherapie geben jedoch Anlaß, die klientenzentrierte Position zum Störungsbegriff differenziert darzustellen und zu der Problematik um den Störungsbegriff im klientenzentrierten Ansatz Stellung zu beziehen. In diesem Zusammenhang lassen sich eine Reihe von Fragen formulieren:
- Erkennt und anerkennt die klientenzentrierte Psychotherapie die Störung und die Notwendigkeit, von einer Krankheitslehre auszugehen?

- In welchem Zusammenhang stellt sich im klientenzentrierten Ansatz die Frage nach der Störung, und in welchem Rahmen wird sie behandelt bzw. kann sie behandelt werden?
- Welches eigene Verständnis von psychischer Störung hat der klientenzentrierte Ansatz?
- Wie ist der klientenzentrierte Krankheitsbegriff definiert?
- Läßt sich aus einem klientenzentrierten Krankheitsbegriff auch eine Krankheitslehre entwickeln?
- Welchen Nutzen bringt die klientenzentrierte Betrachtung der psychischen Störung für das therapeutische Handeln?

Mit den genannten Fragen wird der Rahmen für die Darstellung bzw. Diskussion der klientenzentrierten Positionen zu diesem Thema umschrieben.

In meinem Beitrag gehe ich nur auf einzelne der o. g. Fragen ein und beziehe mich auf das Werk von ROGERS [2]. Bei der Darstellung seiner Position zum Thema orientiere ich mich vor allem an der Arbeit aus dem Jahre 1959 ("Eine Theorie der Psychotherapie, der Persönlichkeit und der zwischenmenschlichen Beziehungen"; dt. Fassung, 1987), welche ROGERS mit dem Anspruch formuliert hat, die vorliegenden theoretischen Einsichten systematisch für die klientenzentrierte Psychotherapie vorzulegen. Ergänzend dazu berücksichtige ich die Arbeit aus dem Jahre 1951 ("Die klientenzentrierte Gesprächspsychotherapie"; insbesondere Kapitel XI: Eine Theorie der Persönlichkeit und des Verhaltens, deutsche Fassung 1978). Selbstverständlich wird zur näheren Bestimmung von einigen Begriffen auf weitere Arbeiten von ROGERS zurückgegriffen.

Der üblichen Bezeichnung und Differenzierung der psychischen Störungen als neurotisches und psychotisches Verhalten setzt ROGERS

---

2 Damit setze ich die klientenzentrierte Psychotherapie nicht gleich mit ROGERS. Dennoch bleibt er für mich immer noch eine wichtige, wenn nicht die wichtigste Quelle für die theoretische Betrachtung des klientenzentrierten Ansatzes. Außerdem versuche ich hier eine systematische Auseinandersetzung mit der Arbeit von ihm zu diesem Thema, um dem Trend entgegenzuwirken, wonach klientenzentrierte Begriffe aus ihrem Zusammenhang herausgerissen werden und beliebig bestimmt werden.

(1959, dt. 1987) die eigene Position und Begrifflichkeit entgegen und spricht dabei von "Abwehrverhalten" und "desorganisiertem Verhalten". Zum Abwehrverhalten rechnet er nicht nur neurotisches Verhalten, sondern auch manche Verhaltensweisen, besonders "paranoides Verhalten und katatone Zustände", die üblicherweise als psychotisch bezeichnet werden.

Im folgenden beschäftige ich mich nur mit dem "Abwehrverhalten", weil es den wesentlichen Indikationsbereich der klientenzentrierten Psychotherapie beschreibt.

Die theoretische Reflexion der neurotischen Störung ist bei ROGERS vor allem durch zwei Begriffe charakterisiert: Durch die **Inkongruenz** zur Beschreibung der eigentlichen Grundproblematik und die **Abwehr**, als den prozeßhaften und verhaltensmäßigen Ausdruck dieser Problematik. Ich gehe zuerst auf die Abwehr ein[3].

Der **Abwehrprozeß** setzt ein, "wenn eine Erfahrung, die nicht in Übereinstimmung mit der Selbststruktur ist, unterschwellig als bedrohlich wahrgenommen wird" (1959, dt. 1987, S. 52). Damit ist ein Bedingungsgefüge angesprochen: Auslösebedingung für den **Abwehrprozeß** ist die unterschwellige Wahrnehmung von Bedrohung (**Subzeption**) und Bedingung dafür ist die fehlende Übereinstimmung einer Erfahrung mit dem Selbstkonzept (**Inkongruenz**).

Die erste relevante Frage hier lautet:

- Was bedeutet Abwehr (Abwehrverhalten, Abwehrprozeß) bei ROGERS? Und konkreter:
- Woraus setzt sich Abwehr zusammen, wie ist sie organisiert und welche Funktion hat sie für das Individuum?

---

3   Die Hervorhebung des "Abwehrverhaltens" in meinem Beitrag geschieht in der Absicht, der geringen Beachtung dieses Begriffs in der Diskussion über eine klientenzentrierte Krankheitslehre entgegenzuwirken. Jedoch muß für die Darstellung der klientenzentrierten Position von psychischer Störung dieser Begriff aus dem Zusammenhang mit den anderen klientenzentrierten Begriffen erläutert werden und vor allem aus der von ROGERS entwickelten Systematik gesehen werden.

Für das Verständnis des Auftretens von Abwehr entwickelt ROGERS zunächst eine genauere Vorstellung von der Bedrohung. "**Bedrohung**", schreibt er, "ist grundsätzlich so beschaffen: Wenn eine bestimmte *Erfahrung korrekt* im *Gewahrsein symbolisiert* würde, könnte das *Selbstkonzept* nicht länger seine geschlossene Gestalt behalten, die *Bewertungsbedingungen* würden verletzt, und das *Bedürfnis nach Selbstbeachtung* würde frustriert. Dies würde zu einem *Angstzustand* führen" (Hervorhebungen im Original). Und gleich danach wird postuliert: "Der *Abwehrprozeß* ist damit die Reaktion, die diese Ereignisse verhindert" (1959, dt. 1987, S. 52).

Es ist die Ahnung des Individuums vor dem (bedrohlichen) Angstzustand, die den Abwehrprozeß auslöst [4].

Es muß hier folgendes beachtet werden: Es ist nicht die Erfahrung als solche, sondern die Symbolisierung der Erfahrung, welche die Bedrohung auslöst. Das läßt auch vermuten, daß es sich dabei um solche Erfahrungen handelt, die aus organismischen Gründen symbolisiert bzw. bewußt werden sollten. Anders ausgedrückt: die Erfahrung muß gemacht und sollte (somit) symbolisiert werden, aber zu ihrer Symbolisierung darf es nicht kommen. Also die Erfahrung kann nur gemacht werden, wenn die Möglichkeit besteht (das ist die Abwehr!), nicht symbolisiert zu werden.

Der Abwehrprozeß ist m.a.W. eine symbolisierungshemmende Aktion. Diese Bestimmung ergibt sich auch aus der Betrachtung der Formen, die der Abwehrprozeß annehmen kann.

Der Abwehrprozeß "besteht aus der selektiven *Wahrnehmung* oder der *Entstellung* von *Erfahrung* und/oder der *Verleugnung von Erfahrung* vor dem *Gewahrsein*, so daß die totale *Wahrnehmung* der *Erfahrung* in Übereinstimmung mit der *Selbststruktur* und den *Bewertungsbedingungen* der Person bleibt" (1959, dt. 1987, S. 52).

---

4 Die unterschwellige Wahrnehmung der Bedrohung (**Subzeption**) - als Auslösebedingung für den Abwehrprozeß - findet außerhalb des Bewußtseins statt (1951, S. 437). Der Prozeß der Subzeption: "eine unterscheidende, wertende, physiologische, organismische Reaktion auf Erfahrung, die dem bewußten Wahrnehmen dieser Erfahrung vorausgehen kann." (1951, S. 437)

Abwehrverhalten findet nicht nur in Bezug auf das Selbstkonzept statt, sondern bezieht sich immer auch auf Erfahrung, die als solche auch in Beziehung zu organismischen Bedürfnissen steht. Aus diesem Zusammenhang heraus leistet das Abwehrverhalten eine Vermeidung der Symbolisierung der Erfahrung.

Am Beispiel des Piloten, der Angst vor dem riskanten Auftrag erlebt, verdeutlicht ROGERS diese Zusammenhänge (s. ROGERS 1973, S. 438) und bemerkt abschließend: "Das Verhalten, das angenommen wird, ist so, daß es das organische Bedürfnis (Erg.: der Gefahr zu entfliehen) befriedigt, aber es wählt zu diesem Zweck Wege, die mit dem Konzept vom Selbst übereinstimmen"(Erg. durch PP).

"Bei der typischen Neurose befriedigt der Organismus ein Bedürfnis, das im Bewußtsein nicht erkannt wird, auf verhaltensmäßige Arten und Weisen, die mit dem Konzept vom Selbst übereinstimmen und demzufolge akzeptiert werden können" (1951, S. 473). Denn "die einzigen Wege, die zu einer Befriedigung von Bedürfnissen führen, sind die Wege, die mit dem organisierten Konzept übereinstimmen" (S. 438) [5].

Man kann sagen, mit Hilfe des Abwehrverhaltens werden einige organismische Bedürfnisse befriedigt, ohne daß das Selbstkonzept daran beteiligt ist oder deswegen einen Schaden erleiden muß.

Welche Bedeutung hat aber ein solches Verhalten für die Person, wenn dadurch ihre Erfahrung nicht symbolisiert werden darf?

Wenn hier von Befriedigung gesprochen wird, dann ist damit zunächst undifferenziert nur die Befriedigung eines aktuellen Bedürfnisses gemeint. Man kann in diesem Zusammenhang aber nicht uneingeschränkt von Befriedigung sprechen, denn dann wäre das Abwehrverhalten eine schlaue Strategie des Organismus, um unter Ausschluß des Selbstkonzeptes zu dem zu kommen, was er benötigt.

---

5 Man erhält aus den Ausführungen an dieser Stelle den Eindruck, daß ROGERS eigentlich das Selbst als eine Instanz mit spezifischen Funktionen (z.B. Bestimmung des Verhaltens) versteht. Grundsätzlich ist die Definition dieses Begriffes bei ROGERS (1959/1987) anders ausgefallen: das Selbstkonzept ist ein **Wahrnehmungsobjekt** für das Individuum und keine Instanz. Nur als Wahrnehmungsobjekt wird es zum Bezugspunkt bei der Bestimmung des Verhaltens. D.h. nicht das Selbstkonzept bestimmt das Verhalten, sondern das Individuum nimmt bei der Bestimmung seines Verhaltens auf das Selbstkonzept Bezug.

Der Befriedigungsprozeß hängt mit der Erfahrung des Bedürfnisses zusammen. Und befriedigend für die Person ist, was über die Differenzierungstendenz (ROGERS, 1959,dt. 1987, S.49) Ausdruck finden kann und die Person als zu sich gehörig erlebt, als **Selbsterfahrung**. Daher kann man im Zusammenhang mit dem Abwehrverhalten nicht unbedingt von persönlicher Befriedigung sprechen, und vor allem dann nicht, wenn das Abwehrverhalten den persönlichen Zustand charakterisiert, d.h. als Störung besteht. Dann ist dieser Zustand für die Person nicht befriedigend, sondern problematisch.

Mit Hilfe des Abwehrverhaltens schafft es die Person, die Gefahr in den Griff zu bekommen, sie kann die Bedrohung abwehren. Dadurch ist etwas befriedigt, aber die Person ist dennoch unzufrieden! Durch ein solches Verhalten kommt die Person nämlich nicht weiter, sondern im besten Fall bleibt sie weiterhin an dem Ort stehen, den sie verlassen wollte.

Diese Feststellung kann durch die nachfolgenden Ausführungen verdeutlicht werden. Dabei geht es vor allem um die Frage: Wie und durch was ist das Abwehrverhalten motiviert?

Diese Frage führt auf die **Inkongruenz** zurück, welche hinter der Bedrohung wirkt.

Über die Inkongruenz stellt ROGERS (1959, dt. 1987) fest: "Vom Zeitpunkt der ersten selektiven *Wahrnehmung* im Sinne der *Bewertungsbedingungen* an bestehen in gewissem Grade *Zustände von Inkongruenz zwischen Selbst und Erfahrung*" (S. 51). Das Streben zur Befriedigung des Bedürfnisses nach Selbstbeachtung aus dem Zusammenhang mit den Bewertungsbedingungen stellt die motivationale Grundlage für die Inkongruenz dar, für die unbewußte Bereitschaft des Individuums, die eigene Erfahrung zu mißachten bzw. umzudeuten.

Dadurch entsteht für die Person aber eine Situation, welche sie in tiefgreifender Weise berührt. ROGERS und WOOD (1974, dt. 1977) sagen zur näheren Beschreibung der Inkongruenz: "Bei starker Inkongruenz nimmt die Aktualisierungstendenz einen wirren oder zwiespältigen Charakter an. Auf der einen Seite unterstützt diese Tendenz das Selbstkonzept der Person und deren Bemühen um eine Steigerung ihres Selbstbildes. Andererseits strebt der Organismus nach einer Befriedigung seiner Bedürfnisse, die den bewußten Wünschen der Person ganz entgegengesetzt sein können. Was gewöhnlich als neurotisches Verhalten bezeichnet wird, ist die Folge dieser Spaltung in der Aktualisierungstendenz" (S. 122).

Ich betrachte diesen Zusammenhang für das Verständnis der Rogerschen Position im Hinblick auf das Wesen einer neurotischen Störung als sehr fundamental, weil
- die Definition von Inkongruenz erst in Bezug auf die Aktualisierungstendenz eine nähere inhaltliche Bestimmung erfährt,
- die "Spaltung" in der Aktualisierungstendenz nicht von vornherein als Konflikt ausgelegt werden kann und
- über den Vorgang der "Spaltung" ein alternatives Verständnis von psychischer Störung möglich erscheint.

In der dargestellten Position von ROGERS sehe ich auch einen Anlaß, auf ein häufiges Mißverständnis hinzuweisen: Oft wird die Inkongruenz losgelöst von der Aktualisierungstendenz betrachtet und definiert. Dadurch fehlt aber der Inkongruenz die natürliche Grundlage, die dann woanders, z.B. im Konflikt, gesucht wird.

Die Auslegung von Inkongruenz in der Bedeutung eines Konfliktes oder als Konfliktbegriff hängt offensichtlich damit zusammen, daß die Inkongruenz nicht in Bezug zur Aktualisierungstendenz gesetzt wird.

Ein anderer Punkt erscheint mir in diesem Zusammenhang ebenso erwähnenswert. Die Auslegung der Inkongruenz als Konflikt hängt m.E. auch mit einem besonderen Verständnis vom Selbstkonzept zusammen, nämlich das Selbstkonzept als Instanz zu betrachten.

Um dieses Verständnis zu hinterfragen, rufe ich eine Definition des Selbstkonzeptes von ROGERS selbst in Erinnerung: "Das Selbstkonzept ist nun ein Zusammenschluß von Wahrnehmungsmustern, die zur Begegnung mit dem Leben benutzt werden. Es kann zur Befriedigung der Bedürfnisse einer Person wirksam beitragen oder auch nicht" (ROGERS, 1974, S. 121; s. auch Anmerkung Nr. 4 in diesem Beitrag).

Die Aktualisierungstendenz ist über die **Differenzierungstendenz** der ursächliche Faktor für die Entstehung des Selbstkonzeptes (ROGERS, 1959, S. 49). Und in der Bedeutung, die das Selbstkonzept für die Aktualisierung des Organismus hat, ist die Aktualisierungstendenz nicht nur für die Erfahrung, sondern auch für die Erhaltung des Selbstkonzeptes verantwortlich, und zwar in Form der **Selbstaktualisierungstendenz**. Das ist der Hintergrund für die Spaltung in der Aktualisierungstendenz.

Wenn Erfahrungen nicht mit dem Selbstkonzept übereinstimmen, dann ist es weiterhin die Aktualisierungstendenz, welche die motivationale Kraft für die Person und ihr Handeln darstellt. Im Zustand der Inkongruenz will die Aktualisierungstendenz einerseits das Bedürfnis als Bedürfnis retten und ausdrücken und andererseits will sie auch das Selbstkonzept schützen. Dafür muß sie sich spalten. Und es ist diese Spaltung, die das Gefühl der Bedrohung mit bedingt, wenn nicht als solches auslöst.

Wenn die Aktualisierungstendenz die Vorstellung von Ganzheit des Organismus verkörpert - vom Organismus in seiner möglichen Entwicklung -, dann kann sie durch die Differenzierungstendenz nur die Förderung und Entwicklung dieser Ganzheit und nicht deren Spaltung wollen. Kommt es jedoch zu einer Spaltung, wie im Falle der Inkongruenz, dann ist es die Aktualisierungstendenz, welche die Aufhebung dieses Zustands bewirken kann. Sie bewerkstelligt das dadurch, daß sie der Person zusätzlich zum Selbstkonzept auch die Abwehr zur Verfügung stellt, wodurch sich die Person vorübergehend aus der entstandenen Gefahr retten kann. Die Abwehr scheint das Notaggregat der Person zu sein!

Man kann sogar annehmen, daß das Individuum zu dem Selbstkonzept mit der Zeit auch ein **Abwehrkonzept** entwickelt, das im Gegensatz zum Selbstkonzept außerhalb seiner Wahrnehmung liegt. D.h. das Abwehrkonzept ist nicht wie das Selbstkonzept ein Wahrnehmungsobjekt, das potentiell dem Gewahrsein zugänglich ist. Man könnte genauso sagen, es handelt sich um ein "unbewußtes" Konzept, das der Person für den Umgang mit inkongruenten Erfahrungen zur Verfügung steht.

Mit dem Abwehrverhalten kann das Individuum einerseits den Angstzustand vermeiden sowie das Selbstkonzept schützen und andererseits den Organismus vor einem Unheil - der Bedürfnislosigkeit - retten. Eine solche Aktion mag aber nur als Notlösung und nur vorübergehend akzeptabel erscheinen. Denn im Endeffekt beinhaltet ein solches Verhalten keinen Ansatz zur Förderung des Organismus und zum Wachstum der Persönlichkeit, d.h. keine befriedigende Lösung. Im Gegenteil sogar, das Abwehrverhalten, die neurotische Störung trägt in sich ein Gefühl von Spannung und Schmerz, wie ROGERS feststellt, denn die tatsächlichen Erfahrungen werden dem Bewußtsein ferngehalten.

Besonders in solchen Fällen, in denen das Individuum sich nicht mehr mit seinem Verhalten identifizieren kann, bemerkt ROGERS (1973): "Das Selbstkonzept basiert fast vollständig auf Bewertungen von Erfahrung, die von anderen übernommen sind, und enthält nur ein Minimum an direkter organismischer Wertung von Erfahrung" (S. 441). Dies stellt ein Faktum dar, das unangenehme Folgen für die Person hat: "Da die von anderen vertretenen Werte keine notwendige Beziehung zum eigenen tatsächlichen organischen Erfahren haben, wird die Diskrepanz zwischen der Selbststruktur und der Erfahrungswelt allmählich als ein Gefühl von Spannung und Schmerz ausgedrückt" (S. 441); die Inkongruenz ist also in ihrer neurotischen Ausprägung grundsätzlich durch das Gefühl von Spannung und Schmerz bestimmt.

Daraus wird etwas Wesentliches vom Abwehrverhalten deutlicher: In seiner Zweideutigkeit stellt es den übertriebenen und vielleicht verzweifelten Versuch des Individuums dar, die eigene **Identität** unbeschadet zu bewahren und gleichzeitig die eigene Entfremdung durch die unbewußte Erfahrung des Bedürfnisses in Frage zu stellen bzw. zu überwinden. Das neurotische Leiden ist nicht zwecklos, aber auch nicht sinnvoll!

Mehr als eine Notlösung kann dem Individuum durch das Abwehrverhalten nicht gelingen. Denn das Abwehrverhalten entspringt dem allgemeinen inkongruenten Zustand der Person. Über die Inkongruenz ist der dynamische Zustand der Person beschrieben, der ihre Störung kennzeichnet.

Aus der Definition der Aktualisierungstendenz wissen wir, daß der Mensch von Natur aus in der Lage ist, sich positiv (für sich selbst) und sozial (positiv für sich und die anderen) zu verhalten, wenn er Gelegenheit hat, sein Konzept von Wachstum durchzusetzen. Wird er daran gehindert, dann läßt sich annehmen, daß diese Behinderung nicht ohne Folgen bleibt. Dann geht es nämlich der Aktualisierungstendenz nicht mehr um das Sozialsein, besonders wenn das Selbstkonzept der Person negativ für den Organismus bestimmt ist, sondern es geht um die Erhaltung des Organismus und nicht um die Selbstbeachtung und Entfaltung. Wenn das Selbstkonzept dem Organismus nicht dienlich sein kann, dann muß der Organismus andere Wege gehen, die in (psycho-)somatischen oder (sozio-)pathischen Störungen münden können, da es sich dabei um "blinde" Versuche und Ausdrucksweisen handelt.

Neurotisches Verhalten ist ein mehr dem eigenen Bild und weniger den eigenen Bedürfnissen dienliches Verhalten! Wenn die Person im neurotischen Zustand auf die bewußte Wahrnehmung einer Erfahrung verzichtet, dann tut sie dies nicht freiwillig sondern notgedrungen; man könnte fast sagen, daß die Neurose eine - bezogen auf die Befriedigung der organismischen Bedürfnisse - existentielle Lüge darstellt!

Neurotisches Verhalten wird von ROGERS, wie schon dargestellt, auf zwei Ebenen definiert. Erst die Verbindung der beiden gibt m.E. ein vollständigeres Bild seiner Position. Zusammenfassend kann gesagt werden, daß das Abwehrverhalten nach der Theorie von ROGERS das neurotische Verhalten beschreibt, oder daß das neurotische Verhalten im klientenzentrierten Ansatz als Abwehrverhalten definiert ist. In diesem theoretischen Rahmen entsteht Abwehrverhalten auf dem Hintergrund von Inkongruenz zwischen Selbst und Erfahrung. Die Inkongruenz stellt sich auf der Grundlage einer Spaltung der Aktualisierungstendenz ein.

Diese Spaltung bedingt mit, daß via Abwehrprozeß das bestehende Selbstkonzept in Schutz genommen wird, während auf der anderen Seite der Organismus in der Erfahrung etwas von seinen Bedürfnissen zeigen bzw. befriedigen kann. Wenn bestimmte Erfahrungen beispielsweise entstellt oder selektiv wahrgenommen werden, so handelt es sich also um Leistungen des Abwehrprozesses für den Organismus, die eigene Organisation aufrechtzuerhalten

Eine Bestimmung von Abwehrverhalten nur als Ausdruck der Inkongruenz bleibt einseitig und unvollständig, wenn nicht sogar mißverständlich. Denn in dieser Weise wird die Bedeutung des Abwehrverhaltens für die klientenzentrierte Bestimmung von Störung verkannt. Vielmehr bleibt bei einer solchen Betrachtung die Inkongruenz das entscheidende Moment für die Bestimmung von Störung. So müssen dann auch konsequenterweise zur Erklärung des Auftretens von unterschiedlichen Formen von Störungen auch unterschiedliche Formen von Inkongruenzen angenommen werden.

Die Inkongruenz ist der ursächliche Faktor für die Entstehung von psychischer Störung. In diesem Sinn bleibt sie im Hintergrund wirksam und bedingt die Bedrohung; Bedrohung ist der direkte emotionale Ausdruck der Inkongruenz. Von ROGERS erfahren wir, daß die Abwehr eine Reaktion auf die Bedrohung und nicht auf die Inkongruenz selbst ist. Als Reaktion darauf ist die Abwehr der individuelle Versuch, unter Verzicht auf Wachstumsansprüche sich als Einheit aufrechtzuerhalten. Abwehr, d.h. neurotische Störung, ist die individuelle Gestaltung dieses Versuchs.

Es erscheint mir daher notwendig und möglich, im klientenzentrierten Ansatz für die Unterscheidung von neurotischen Störungen nach den Abwehrformen vorzugehen. Denn an der Abwehr ist die Person umfassender beteiligt, als es der Inkongruenz theoretisch möglich ist.

Die Bestimmung von Abwehr und Inkongruenz, sowie auch das Verhältnis zueinander läßt m.E. einen eigenen klientenzentrierten Zugang zur Betrachtung von neurotischen Störungen zu. Ich habe versucht, ansatzweise diesen Zugang darzustellen. Der Beitrag ROGERS erschöpft sich aber nicht in der allgemeinen Betrachtung von psychischen Störungen, sondern enthält wertvolle Hinweise auch für eine differenzierte Betrachtung von Störungen. Diese findet man vor allem in den Beschreibungen des Prozeßkontinuums (ROGERS, 1961,dt. 1976 und 1992) und den Darstellungen von Veränderungen durch Psychotherapie (z.B. ROGERS, 1951, dt. 1978).

Der Abwehrprozess ist gekennzeichnet durch Symbole und nicht durch Symbolisierung. Die Abwehr produziert Symbole. Wenn wir von Störungen im Sinne von Abwehrformen sprechen, dann enthalten diese Abwehrformen Symbole, die verstanden werden müssen. Nur über diesen Weg können im Sinne der klientenzentrierten Theorie Störungen identifiziert und differenziert werden.

Literatur:

BACH, H. (1981) (Hrsg.). Der Krankheitsbegriff in der Psychoanalyse. Göttingen: Verlag für Medizinische Psychologie.

BAUMANN, U., HECHT, CH. & MACKINGER, H. (1984). Psychotherapieforschung: Unterschiedliche Perspektiven.   In U. BAUMANN (Hrsg.), Psychotherapie: Makro-/Mikroperspektive (3-28). Göttingen.

JANSSEN, P.L. (1993). Deskriptive Diagnostik aus der Sicht eines Psychoanalytikers. In: W. SCHNEIDER; H.J. FREYBERGER; A. MUHS & G. SCHÜSSLER, (Hrsg). Diagnostik und Klassifikation nach ICD-10, Kapitel 5. Göttingen: Vandenhoeck und Ruprecht.

MEYER, A.-E., RICHTER R., GRAWE, K., GRAF V.D. SCHULENBURG, J.-M. & SCHULTE, B. (1991). Forschungsgutachten zu Fragen eines Psychotherapeutengesetzes. Hamburg-Eppendorf: Universitäts-Krankenhaus.

ROGERS, C.R. (1976). Entwicklung der Persönlichkeit. Stutgart: Klett Verlag

ROGERS, C.R. (1978). Die klientenzentrierte Gesprächspsychotherapie. München: Kindler.

ROGERS, C.R. (1987). Eine Theorie der Psychotherapie, der Persönlichkeit und der zwischenmenschlichen Beziehungen. Köln: GwG-Verlag.

ROGERS, C.R. (1992). Therapeut und Klient. Grundlagen der Gesprächspsychotherapie. Frankfurt: Fischer Taschenbuch Verlag.

ROGERS, C.R. & WOOD, J.K. (1992). Klientenzentrierte Theorie. In C.R. ROGERS, Therapeut und Klient. Grundlagen der Gesprächspsychotherapie. Frankfurt: Fischer Taschenbuch Verlag.

STROTZKA, H. (1978). Was ist Psychotherapie. In H. STROTZKA (Hrsg.), Psychotherapie: Grundlagen, Verfahren, Indikatoren (S. 3 - 33). München: Urban & Schwarzenberg.

Entwurf einer ätiologisch orientierten Krankheitslehre im Rahmen des klientenzentrierten Konzeptes

Eva-Maria Biermann-Ratjen/Hans Swildens

Jochen Eckert

Einleitung zu den Beiträgen von Eva-Maria Biermann-Ratjen und Hans Swildens

In der Einleitung zu diesem Buch haben wir dargelegt, welche Gründe dazu beigetragen haben, einen "Entwurf einer ätiologisch orientierten Krankheitslehre im Rahmen des klientenzentrierten Konzepts" auszuarbeiten, der möglichst vielen Gesprächspsychotherapeuten eine gemeinsame Basis bietet.

Für den Beschluß, diese Aufgabe vor allem EVA-MARIA BIERMANN-RATJEN und HANS SWILDENS zu übergeben, wurden im Nachhinein eine Reihe von Rationalisierungen gefunden. Offenbar weisen die beiden Autoren für diese Aufgabe sowohl wichtige Gemeinsamkeiten als auch Unterschiede auf:
- eine Frau und ein Mann,
- eine Psychologin und ein Psychiater,
- eine Deutsche und ein Niederländer,
- zusammen bringen sie 70 Jahre Psychiatrieerfahrung auf die Waage, d.h. Erfahrungen im therapeutischen Umgang auch mit schwer gestörten Patienten,
- und beide haben kein persönliches Interesse an einem kassenrechtlichen Status der Gesprächspsychotherapie: sie sind finanziell, in ihrer jeweiligen beruflichen Position und damit vielleicht auch

gedanklich frei davon, ob das klientenzentrierte Konzept vor der bundesrepublikanischen Öffentlichkeit nachweisen kann, daß es eine hinreichend fundierte Krankheitslehre beinhaltet oder nicht.

Die Unterschiede, die eine gemeinsame Bewältigung der übertragenen Aufgabe erschweren könnten, waren beiden deutlich:

E.-M. BIERMANN-RATJEN vertritt einen entwicklungspsychologischen Ansatz, setzt sich mit der Herkunft des klientenzentrierten Konzepts aus der Psychoanalyse auseinander, muß sich oft sagen lassen, daß sie eine Psychoanalytikerin sei. Letzteres hört sie von Psychoanalytikern, die ihre diagnostischen und therapeutischen Leistungen nicht einer Gesprächspsychotherapeutin zuschreiben wollen, aber auch von einigen Gesprächspsychotherapeuten, die die Berücksichtigung frühkindlicher Erfahrungen bei der Menschwerdung als Verrat an der "reinen Lehre" betrachten.

HANS SWILDENS fühlt sich der Phänomenologie verpflichtet, vertritt sie als Methode streng und konsequent und wendet sich nachdrücklich gegen einen psychologischen Determinismus: ihm liegt die Freiheit des Menschen, das eigene Werden und Wachsen zu wählen, am Herzen.

Diese unterschiedlichen Grundpositionen erwiesen sich aber recht bald nicht als wirklich hinderlich, sondern eher als sich ergänzend. Zu diesem Ergebnis waren auch schon "Außenstehende" gekommen. PETER F. SCHMID (1992) formuliert das z.B. so: "Mindestens ebenso bedeutsam wie die Rückbesinnung auf das Gewordensein und damit auf die Geschichte (damit bezieht er sich auf die von E.-M. BIERMANN-RATJEN vertretene Position) ist nach der personzentrierten Anthropologie das Verständnis dessen, worauf das bislang ungenützte Aktualisierungspotential zielt, also ein nach vorne gerichteter Blick in die Zukunft, auf offene Möglichkeiten, auf den Entwurf des Lebens, auf Ziel- und Sinnsetzungen" (damit ist die von H. SWILDENS vertretene Position gemeint) (S. 110).

Dennoch war die Arbeit an dem Entwurf einer "Klientenzentrierten Krankheitslehre" keine leichte. Wurde ich, der ich die gemeinsame Arbeit von EVA-MARIA BIERMANN-RATJEN und HANS SWILDENS aus nächster Nähe miterlebte, von interessierten Kollegen nach dem Stand und den Fortschritten des Entwurfs gefragt, hörte ich mich eine zeitlang antworten: Ich glaube, das Verfassen einer Krankheitslehre ist keine besonders gesunde Arbeit. Zum Verlassen eingefahrener Pfade und zum Überschreiten von lange Zeit unhinterfragten Grenzen ist eine innere Freiheit vonnöten, die sich zu nehmen, sich zu erlauben offensichtlich Kraft kostet. Die für die beiden Autoren zu überwindenden Grenzen sind m.E. leicht auszumachen: Sowohl E.-M. BIERMANN-RATJEN als auch HANS SWILDENS betrachten das klientenzentrierte Konzept und das damit verbundene Menschenbild als ihre psychologische und psychotherapeutische Heimat und in dieser Hinsicht die Gemeinschaft der Rogerianer als ihre Herkunftsfamilie. Vor diesem Hintergrund ist es sicherlich nicht leicht, z.B. der Frage nachzugehen, ob die mit dem Alter zunehmende Abstinenz von CARL ROGERS bezüglich ätiologischer und diagnostischer Fragen wirklich Ausdruck seiner Erfahrungen war, oder möglicherweise Ausdruck davon, daß er sein Selbstkonzept - und das seiner Klienten - vor bestimmten Erfahrungen schützen mußte, d.h. bestimmte Gedanken nicht denken durfte.

Auch wenn der Vater nicht mehr lebt: Es gibt hinreichend viele Kinder und Enkel, die sein Erbe um jeden Preis gewahrt, d.h. unverändert konserviert, wissen wollen. Aber es gibt auch hinreichend viele Kinder und Enkel, die sein Erbe vermehren möchten, diese Arbeit aber ungern anderen überlassen, und wenn sie es dennoch tun, tun sie das mit hochambivalenten Gefühlen. Auch wenn die meisten dieser Familienmitglieder bei der Abfassung des Entwurfes nicht anwesend waren, es sei denn, sie griffen zur Feder oder zum Telephonhörer, so waren sie doch beiden Autoren stets präsent.

Der Leser des nun vorliegenden Entwurfes wird mir vermutlich zustimmen, wenn ich behaupte, daß trotz aller Mühen bei der Erstellung nicht nur die Kraft der Autoren ausgereicht hat , sondern daß sie offensichtlich auch sehr viel Freude am gemeinsamen Denken entwickelt haben, so daß sie wirklich neue Wege gehen konnten. Ob der Leser diesen Wegen auch folgen möchte, bleibt natürlich allein seine Entscheidung.

Ich selbst möchte auf einige Punkte im Entwurf hinweisen, die ich für problematisch halte, für die ich aber auch keine besseren Vorschläge machen kann.

Da ist zum einen der von EVA-MARIA BIERMANN-RATJEN eingeführte Begriff der "An-Erkennung" als Übersetzung von "positive
regard". Ich teile die Skepsis von JÜRGEN KRIZ[1], daß es gelingen wird,
diesen Begriff als eindeutig definiertes Fachwort zu etablieren, ob es
nicht vielmehr Mißverständnissen Tür und Tor öffnet, zumal das 'Bedürfnis nach An-Erkennung' umgangssprachlich sehr vielfältig besetzt ist.

Zum anderen sehe ich die Gefahr, daß die von HANS SWILDENS
benutzte und aus der traditionellen medizinisch-psychiatrischen Denk-
tradition stammende Unterscheidung zwischen ätiologischen, pathogenetischen, pathoplastischen und krankheitsauslösenden Faktoren eine
Realität bzw. ein Wissen suggerieren, die es nicht gibt bzw. das wir
nicht haben. Zwar weist HANS SWILDENS selbst darauf hin, daß die
Wirksamkeitszuweisungen oft nicht eindeutig erfolgen können und daß
bestimmten Fakoren mehrere Wirkungen zugeschrieben werden können.
Dennoch bleibt die grundsätzliche Frage, ob wir mit Begriffen, die aus
einer anderen Denktraditon stammen, das beschreiben und erfassen können, was wir als Gesprächspsychotherapeuten bezüglich der Entstehung
und Aufrechterhaltung von psychischen Störungen bzw. Krankheiten
meinen bisher erkannt zu haben (vgl. KRIZ, 1989; HÖGER, 1989 u. in
diesem Band). Aufgrund der Erfahrungen mit den Schwierigkeiten, die
die Vertreter anderer Therapierichtungen, viele Psychiater und andere
Mediziner z.B. mit unserem Begriff der Inkongruenz haben, sehe ich
aber auch die Notwendigkeit, eine Sprache zu benutzen, die eine gegen-
seitige Verständigung ermöglicht.

Ich hege die Hoffnung, daß dieser erste gemeinsame "Entwurf einer
ätiologisch orientierten Krankheitslehre im Rahmen des klientenzentrierten Konzepts" für unser Therapieverfahren und seine Entwicklung die Bedeutung erlangen wird, die der 1957 von C. R. ROGERS
verfaßte Aufsatz "The necessary and sufficient conditions of therapeutic
personality change" bekam.

Wäre meine Hoffnung eine gute Prognose - sie käme uns allen zugute.

---

1   Briefliche Stellungnahme zum vorliegenden Entwurf vom 12. Juli 1993, für die
    wir Herausgeber uns sehr bedanken.

Dieser Entwurf einer ätiologisch orientierten Krankheitslehre ist wie folgt gegliedert:

- HANS SWILDENS beginnt mit einer kurzen Einführung in das Thema der Psychopathologie und stellt auch kurz die Entwicklung des Umgangs von Gesprächspsychotherapeuten mit diesem Thema in den USA und in Europa dar.
- Daran anschließend expliziert EVA-MARIA BIERMANN-RATJEN das Modell der psychischen Entwicklung im Rahmen des klientenzentrierten Konzepts, so eng wie möglich an Rogers orientiert.
- HANS SWILDENS stellt dann exemplarisch einige psychogene Erkrankungen vor, nachdem er ein Modell einer klientenzentrierten Psychopathologie eingeführt und erläutert hat.
  Beachten Sie bitte das Schema dieses Modells und seine Erläuterung im Anschluß an diesen Text.
- Daran anschließend beschreibt EVA-MARIA BIERMANN-RATJEN die Psychogenese der Neurosen.
- HANS SWILDENS äußert sich dann zu Fragen einer differentiellen Behandlung der psychogenen Erkrankungen.
- EVA-MARIA BIERMANN-RATJEN faßt dann den gemeinsamen Entwurf zusammen und macht einige Bemerkungen zur Frage des Sinnes einer klientenzentrierten Krankheitslehre.
- Die Ausführungen schließen mit der Darstellung eines Therapieverlaufes unter dem Gesichtspunkt der von ihm selbst entwickelten prozeßorientierten Gesprächspsychotherapie durch HANS SWILDENS und unter dem Gesichtspunkt der von ihr vorgestellten klientenzentrierten Krankheitsentwicklungslehre durch EVA-MARIA BIERMANN-RATJEN.

Literatur:

HÖGER, D. (1989). Klientenzentrierte Psychotherapie - Ein Breitbandkonzept mit Zukunft. In R. SACHSE & J. HOWE (Hrsg.), <u>Zur Zukunft der klientenzentrierten Psychotherapie.</u> Heidelberg: Asanger.

KRIZ, J. (1989). Entwurf einer systemischen Theorie klientenzentrierter Psychotherapie. In R. SACHSE & J. HOWE (Hrsg.), Zur Zukunft der klientenzentrierten Psychotherapie. Heidelberg: Asanger.

SCHMID, P. F. (1992). Das Leiden. Herr Doktor, bin ich verrückt? Eine Theorie der leidenden Person statt einer "Krankheitslehre". In P. FRENZEL, P. F. SCHMID & M. WINKLER (Hrsg.). Handbuch der personzentrierten Psychotherapie (S. 83-126). Köln: Edition Humanistische Psychologie.

Hans Swildens

Kurze Einführung in das Thema der Psychopathologie

Psychopathologie ist die Lehre von den krankhaften Veränderungen des psychischen Lebens. Sie hat eine lange vorwissenschaftliche Geschichte. Nach Ansätzen in Richtung auf Verwissenschaftlichung in der griechischen Antike hat man im Mittelalter überwiegend auf magische und religiöse Ideen zur Erklärung und Bekämpfung von abweichendem Verhalten zurückgegriffen: Exorzismus und Hexenverfolgung waren neben anderen Methoden die Übersetzung dieser Ansichten über Psychopathologie in die Praxis. Der damalige Mediziner hatte mit Geisteskrankheiten nichts zu tun, und Psychologie im heutigen Sinne gab es auch noch nicht. Die Aufklärung hat da vieles geändert: psychische Erkrankungen wurden nicht länger als Besessenheit betrachtet und psychisch Kranke nicht mehr als gefährlich im Sinne einer diabolischen Wirkung. Doch hat es bis 1852 gedauert, als GRIESINGER seine Arbeit "Pathologie und Therapie der psychischen Krankheiten" veröffentlichte, daß zum ersten Mal klar formuliert wurde, daß Geisteskrankheiten in ihrer Variabilität studiert werden müßten als Voraussetzung dafür, daß sie auch kuriert werden könnten.

Während des 17. und 18. Jahrhunderts war zwar die Behandlung von psychisch Kranken humanisiert, sie wurden nicht mehr ausgestoßen oder zur Schau gestellt, aber zu einer Verwissenschaftlichung der Sicht auf die Störungen kam es erst, als die somatische Medizin ihre ersten Fortschritte gemacht hatte. Vorwissenschaftliche Auffassungen wie die von MESSMER (1718) bedeuteten Erklärungsversuche im Rahmen des damaligen Wissensstandes über Magnetismus.

Mit GRIESINGER fing dann ein neuer Kampf an, und zwar zwischen denjenigen, die Hirnkrankheiten für abnormes geistiges Verhalten verantwortlich machten, und anderen, die meinten, es gäbe doch auch geistige, d.h. psychische Ursachen. Mit FREUD und mit der psychoanalytischen Bewegung wurde die Hypothese, daß jedenfalls ein Teil der Geisteskrankheiten neben konstitutionellen auch psychische Wurzeln hätten, ziemlich schnell allgemein anerkannt. Mit der Psychoanalyse fing der zweite Schritt der Verwissenschaftlichung an. Wir befinden uns heute noch immer in dieser Phase, wenn auch in einer späteren Subphase.

Inzwischen hatten die Ärzte, die die beiden Phasen initiiert hatten, und die erste Phase schon völlig vollzogen hatten, Unterstützung und Ergänzung von den Psychologen bekommen, vor allem seit die sich zu klinischen Psychologen heranbildeten. Damit wurde ein labiles Gleichgewicht (das es in der Antike schon gab zwischen ARISTOTELES und HIPPOKRATES) wiederhergestellt, und in diesem labilen Gleichgewicht befinden wir uns heute und aus ihm heraus ist auch die Person und die Arbeit von CARL ROGERS zu verstehen. ROGERS vertritt die Psychogenese der psychopathologischen Erscheinungen.

Das Thema Psychopathologie wurde auch ein Stein des Anstoßes, denn die Ärzte waren bemüht, wie in der somatischen Medizin, psychopathologische Erscheinungsbilder immer stärker zu differenzieren, so z.B. KRAEPELIN und BLEULER, während z.B. CARL ROGERS diese Art von Psychopathologie als z.T. sogar schädlich, auf jeden Fall aber als nicht förderlich für den Therapieprozeß ansah.

Ich werde noch darauf zurückkommen, denn die Ansichten von ROGERS haben uns beeinflußt, auch wenn wir uns nicht davon haben abhalten lassen, sie zeitgemäß und den Forderungen unserer sich ändernden Klientel entsprechend anzupassen.

Ich werde hier zunächst einige Grundbegriffe der Psychopathologie einführen. Die psychopathologischen Krankheiten oder Störungen sind gekennzeichnet durch die spezifischen Strukturen, die sie aufzeigen, und durch die Faktoren, die bei der Entwicklung dieser Störungen eine Rolle gespielt haben. So unterscheiden wir zwischen psychischen Reaktionen, Neurosen, Persönlichkeitsstörungen, Süchten, Selbstpathologie, Psychosen und hirnorganischen Psychosyndromen. Auch darüber werde ich gleich Weiteres erwähnen.

Krankheitsbilder zeigen Symptome auf, und Symptome treten manchmal in mehr oder weniger festen Verbindungen auf, die man Syndrome nennt.

Die Faktoren, die Krankheitsbilder entstehen und sich entwickeln lassen, kann man unterteilen in ätiologische, pathogenetische, pathoplastische und krankheitsauslösende:

Ätiologische Faktoren sind diejenigen, die ursächlich (kausal) mit der Krankheit zu tun haben. Am deutlichsten ist das z.B. der Fall bei einem

Krankheitserreger bakterieller oder viraler Art und bei Giften. Weniger eindeutig ist es oft bei psychischen Ursachen: Dann kommt schon schnell die Frage auf, ob nicht z.B. gesellschaftliche Faktoren den vermeintlichen psychischen Ursachen in die Karten gespielt haben.

Pathogenese heißt Krankheitsentwicklung, und **pathogenetische** Faktoren sind dann auch Faktoren, die die Krankheitsentwicklung bestimmen. So kann z.B. ein ernstes Psychotrauma als Ursache einer Depression anzunehmen sein, aber die Tatsache, daß sich eine Depression entwickelt hat und wann sie sich entwickelt hat, ist mitdeterminiert z.B. von dem Fehlen einer Arbeitsstelle und/oder von der Wohnsituation, vom Vorhandensein von engagierten Freunden oder Familienmitgliedern usw.. Das sind also in diesem Fall pathogenetisch wichtige Faktoren.

Pathoplastische Faktoren dagegen bestimmen nicht die Entwicklung der Krankheit, sondern färben die jeweilige Formgebung. So sieht eine Depression in einer mediterranen Familie anders aus als in einer norddeutschen, auch wenn die Ätiologie dieselbe ist (dasselbe Psychotrauma) und auch die Pathogenese ähnlich ist.

Schließlich haben wir es mit **krankheitsauslösenden** Faktoren zu tun. Eine aus der frühkindlichen Entwicklung stammende Depressivität als Folge einer Abweisung durch die Mutter kann kompensiert werden durch z.B. eine wertvolle Partnerschaft. Die lange Zeit gut kompensierte Depressivität kann ans Licht treten, d.h. dekompensieren, anläßlich eines unauffälligen Streits mit diesem Partner. Dieser Streit ist dann der krankheitsauslösende Faktor.

Sie finden weiter unten eine schematische Darstellung eines Modells der Psychopathologie (s. S.72) mit einer kurzgefaßten Erklärung der Faktoren, auf die wir in unserem Text immer wieder verweisen werden.

Es wird aus diesem Schema erkennbar werden, daß nicht immer eindeutig festzustellen ist, ob ein bestimmter Faktor ätiologisch oder pathogenetisch wichtig ist, oder aber pathoplastisch bedeutsam oder krankheitsauslösend ist. Nicht selten haben Faktoren mehrere Wirkungen.

Ich komme jetzt zu einer Beurteilung der Störungsbilder als **Krankheitsbilder**. Können wir in der Psychopathologie wirklich von Krankheiten sprechen, gibt es also eine psychiatrische Nosologie, eine Krankheitslehre, oder müssen wir uns zufriedengeben mit einer Syndromologie, einer Lehre der Symptomcluster? Die Antwort hängt davon ab, ob es gesicherte Krankheitsverläufe gibt, womöglich mit einer ebenfalls gesicherten Ursache. Das gilt z.b. für das manisch-depressive Irresein und für die Dementia Paralytika; es gilt auch mehr oder weniger für die Schizophrenie und für hirnorganische Psychosyndrome. Viel schwerer ist es, zu behaupten, daß Neurosen wirklich eine Krankheit darstellen und nicht nur ein Syndrom.

Die klassische Einteilung von KRAEPELIN wurde in den letzten Jahrzehnten wieder aufgegriffen mit dem Ziel, eine internationale Einigung hinsichtlich der Klassifikation und der Namensgebung der psychischen Störungen zu bewirken. Das hat zu der in den Vereinigten Staaten entwickelten DSM-Einteilung geführt und zu der internationalen Neufassung der ICD-Klassifikation. In beiden Einteilungen hat man nach gesicherten Fakten und Daten gesucht, und man hat versucht, Ambiguitäten zu vermeiden. Das hat dazu geführt, daß z.B. der Begriff der Neurose in der neuesten DSM-Ausgabe völlig verschwunden ist und auch in der ICD-Entwicklung immer mehr in den Hintergrund gerät. Statt auf der Basis von ätiologischen Annahmen klassifiziert man auf der Basis von konkreten Symptomen: affektive Störungen, dissoziative Störungen, Konversionsstörungen, Angststörungen und Persönlichkeitsstörungen.

Für Psychosen, organisch bedingte Störungen und für die Schizophrenie gibt es auch weiterhin einen Platz, weil diese Syndrome stabil und genügend scharf umschrieben sind, für neurotische Syndrome als solche aber nicht. Die Neurosen und die psychogenen Erkrankungen im weiteren Sinne sind aber, neben unserer Aufgabe hinsichtlich der Persönlichkeitsstörungen und der Abhängigkeitserkrankungen, unser Hauptanliegen. Aufgrund dieser diagnostischen Entwicklung ist es schwer, sich für das eine oder das andere Klassifikationssystem zu entscheiden: Ich wollte sie nur nicht unerwähnt lassen.

Unsere Frage lautet eigentlich:
Sind derartige Einteilungen wirklich für uns klientenzentrierte Psychotherapeuten wichtig, helfen Sie uns bei der Behandlung, oder passen wir uns, wenn wir über solche Einteilungen nachdenken, nur der Psychiatrie oder älteren psychotherapeutischen Traditionen an?

Diese Frage hat sich auch schon CARL ROGERS gestellt. Im ersten Buch der klientenzentrierten Tradition: Counseling and Psychotherapy

(1942), setzt er sich mit älteren psychotherapeutischen Methoden wie der direktiven, der expressiv-kathartischen, der psychoanalytischen und der milieutherapeutischen auseinander und kommt so zu seiner, zunächst negativ bezeichneten, nicht direktiven Vorgehensweise. Sein Standpunkt hinsichtlich der Diagnostik ist zu dieser Zeit noch stark der damaligen Tradition verhaftet. Er listet z.B. einerseits Kontraindikationen für seine Methode auf und er plädiert für die Wichtigkeit einer ausführlichen Krankengeschichte. Andererseits weist er auf die Unvereinbarkeit der Erstellung einer derartigen Krankengeschichte mit seiner Vorgehensweise hin. Die Diagnostik, so fährt er fort, sei schließlich nur dann wirklich aufschlußreich, wenn sie sich während der Therapie vollziehe. In seinem zweiten Buch (Client-centered Therapy, 1951) nimmt er Abstand von fast allen Kontraindikationen für seine Methode, die er in seinem ersten Buch aufgelistet hatte, und schränkt zugleich den Wert der Diagnostik weiter ein: Diagnostik i.S. von "durch einen anderen diagnostiziert werden" sei für die Behandlung schädlich, für den Klienten unnütz und belastend und nur in Fällen psychosomatischer Erkrankungen zu erwägen. Diagnostik gehöre, so ROGERS, zur Medizin und behalte eine wichtige Funktion im Zusammenhang mit somatischen Erkrankungen, aber sie habe nur Nachteile bei psychischen Störungen, die man deshalb auch nicht psychische Krankheiten nennen sollte. Der spätere ROGERS, auch derjenige, der sich mit der Schizophrenie befaßte, mißt der Diagnostik keine Bedeutung zu: Schizophrene seien diejenigen, die von den Ärzten als schizophren bezeichnet würden.

Auch der ältere ROGERS (1960-1985) zeigte für Psychopathologie kein Interesse, es sei denn, man betrachtete die dürftige Interpretation des Falles Ellen West (in: A Way of Being, 1980) als wesentlichen diagnostischen Beitrag. Die Feststellung (ROGERS, 1957), daß für **alle** diagnostischen Kategorien doch nur **eine einzige** therapeutische Konfiguration wichtig und wirksam sei, beinhaltet kurz und bündig eine Absage an die Diagnostik, die im Schizophreniebuch (1967) nicht wesentlich widerrufen wurde, sondern vielmehr noch weiter akzentuiert.

Diejenigen Schüler Rogers, die sich als mehr oder weniger eigenständig profilierten, entwickelten zwar etwas abweichende Auffassungen bezüglich des Therapieprozesses (z.B. die Unterscheidung zwischen Skills und Haltung), aber sie zeichneten sich nicht aus durch ein Interesse für störungsspezifisches differentielles Vorgehen bei bestimmten schwierigen Zielgruppen (z.b. CARKHUFF, TRUAX, GENDLIN und später Eklektiker wie PATTERSON, EGAN und IVEY).

Erst später, ungefähr seit 10 Jahren, wurden in den Vereinigten Staaten und in Kanada Entwicklungen sichtbar, in denen sich eklektisch arbeitende Kollegen bestimmten Zielgruppen, wie den Depressiven, den Borderlinepatienten, den Psychotikern und den Suizidalen zuwandten (z.b. ELLIOTT, BOHART, PROUTY, MACGUIRE), während sich im deutschen und im niederländischen Sprachraum schon seit längerer Zeit Gesprächspsychotherapeuten mit differentiellen Vorgehensweisen bei schwierigen Zielgruppen befaßt hatten.

Zunächst war da die Arbeit von BINDER & BINDER (1979), die, eklektisch vorgehend und unter Hinweis auf so sehr unterschiedliche Erblasser wie HILDE BRUCH, ALVIN MAHRER und HANS STRUPP, eine wirklich psychopathologisch fundierte, differentielle klientenzentrierte Therapie für schwere psychische Störungen wie Depressionen, Zwangsneurosen, Anorexie und Hysterie entwickelte. In einer späteren Arbeit (1991) lag dann die Betonung neben den psychosomatischen Erkrankungen und den Depressionen vor allem auf der Schizophrenie.

Danach, nach 1979, wurde im niederländischen und im deutschen Sprachraum viel veröffentlicht bezüglich der differentiellen Behandlung von Borderline-Klienten, Depressiven, Phobikern, Zwangsneurotikern, geistig Behinderten und Psychotikern. Namen wie BIERMANN-RATJEN, ECKERT, FINKE, DE HAAS, HAMELINCK, HENNING, PETERS, PFEIFFER, SPEIERER, SWILDENS, TEUSCH, TSCHEULIN und VOSSEN - ich habe die Namen alphabetisch geordnet und möchte sicher nicht den Eindruck erwecken, eine umfassende Aufzählung gegeben zu haben - markieren kleinere oder größere Schritte in Richtung auf eine differentielle Anwendung der klientenzentrierten Prinzipien in der Praxis der Psychotherapie bei ernsthaften Störungen.

Es scheint mir aber nützlich zu sein, diese Gesellschaft von loyalen Nachfolgern bzw. loyalen Dissidenten ihren Ansätzen entsprechend zu klassifizieren. Ich unterscheide dabei drei Gruppen, wobei es möglich ist, einige Autoren in mehr als eine Gruppe einzugliedern.

Erstens sind da die eklektischen Pragmatiker. Die BINDERS bilden da ein fruchtbares Beispiel.

Zweitens folgen dann die phänomenologisch orientierten, die in Deutschland vielleicht von FINKE am deutlichsten repräsentiert werden. Und drittens gibt es diejenigen, die sich der Entwicklungspsychologie verhaftet wissen. Diese Gruppe wird in Deutschland vor allem vertreten von BIERMANN-RATJEN.

Manche von diesen verschiedenen Ansätzen können sich auf Forschungsergebnisse stützen (Universitäten und größere klinische Institute bieten Forschungsmöglichkeiten), andere, die Praktiker, mußten ihre Beiträge vor allem auf die Kasuistik und zum Teil auf das Literaturstudium gründen. Die letzteren sind oft nicht weniger wertvoll als die erstgenannten: schließlich hat die Psychoanalyse jahrzehntelang nur Kasuistik bearbeiten können, weil sie an den Universitäten nicht willkommen war.

Jetzt ist die Zeit zur Integration gekommen. Wir haben im letzten Jahrzehnt fast nur differenziert, und das war auch notwendig, um den Homogenitätsmythos, wie KIESLER (1966) das angeblich uniforme Vorgehen in der klientenzentrierten Psychotherapie genannt hat, zu überwinden. Ich hoffe, daß aus meinen bisherigen Erörterungen diese Tendenz zur Differenzierung jedenfalls sichtbar geworden ist.

Die Frage ist heute: Wie können wir es schaffen, aus den vielen Schritten und den unterschiedlichen Ansätzen eine konsistente, umfassende Störungslehre, vereinbar mit den ROGER'schen Prinzipien, zu entwickeln.

Wesentliche Ursachen für psychische Fehlentwicklung und damit für eine neurotische Entwicklung liegen wohl in der frühen Kindheit.

EVA-MARIA BIERMANN-RATJEN wird uns über die psychische Entwicklung in den ersten Lebensjahren berichten, und sie wird sich dabei auf neuere entwicklungspsychologische Ansätze beziehen, die nahtlos an die Auffassungen von Rogers über die Entstehung von Neurosen anzuschließen scheinen. Dabei sind zwei wichtige Gesichtspunkte nicht zu vergessen:

Erstens: Innervationsmuster und deren Entwicklung sind zunächst embryologische Prozesse, die sich nur dadurch zu menschlichen Ausdrucksformen entwickeln können, daß sie im mitmenschlichen Kontakt Bedeutung bekommen (so auch PFEIFFER, 1993).

Zweitens: diese Bedeutungsverleihung ist nie eine deterministisch festgelegte. Mit der Entwicklung vom Kleinkind über den Jugendlichen zum Erwachsenen wächst auch die Freiheit, Bedeutung selbst zu wählen. Ich werde noch darauf zurückkommen.

Hans Swildens und
Eva-Maria Biermann-Ratjen

Modell einer klientenzentrierten Psychopathologie.
Ein Schema mit Erläuterungen

Erklärender Text zum Schema auf den beiden folgenden Seiten:

1. Links oben sehen wir die Kategorie soziokulturelle Verhältnisse und Hintergründe. Es wird Ihnen einleuchten, daß diese Faktoren eine wichtige ätiologische, wie auch, mehr noch, pathogenetische und pathoplastische Rolle spielen bei der Entwicklung von psychischen Störungen. Zu denken wäre z.B. an ethnische, religiöse und Generationsunterschiede, aber auch an gesellschaftliche Strukturen und Machtverhältnisse, z.B. die unterschiedliche Macht von Frauen und Männern.

2. Rechts oben sind die genetischen und konstitutionellen Faktoren aufgeführt, numeriert mit 2; eine bis vor kurzem in unseren Kreisen zu wenig beachtete kausale Kategorie, die gerade für die schweren Psychosen (die manisch-depressive und schizophrene Psychose), für einen Teil der Persönlichkeitsstörungen und der organischen Psychosyndrome ihre Wichtigkeit wohl bewiesen hat und von der wir jetzt immer mehr wissen, daß sie auch bei der Entwicklung von frühen Störungen und von neurotischen Störungen eine pathogenetisch wichtige Rolle spielen kann.

3. In der Mitte überschneiden sich zwei Rechtecke. Das hintere zeigt die klassische ROGER´sche Kombination von Faktoren, die zu einer Störung der Entwicklung im Sinne der Inkongruenz führen kann.

4. Das vordere Rechteck enthält deren Neuinterpretierung, so wie sie von EVA-MARIA BIERMANN-RATJEN aufgrund neuerer entwicklungspsychologischer Daten entwickelt wurde.

5./6. In der vertikalen Linie, der Achse des Schemas, finden Sie zunächst zwei Rechtecke vor, die die klassischen ROGER´sche Stufen der gestörten Entwicklung darstellen: die Zweifel am eigenen organismischen Wertungsprozeß und das Entstehen der Inkongruenz

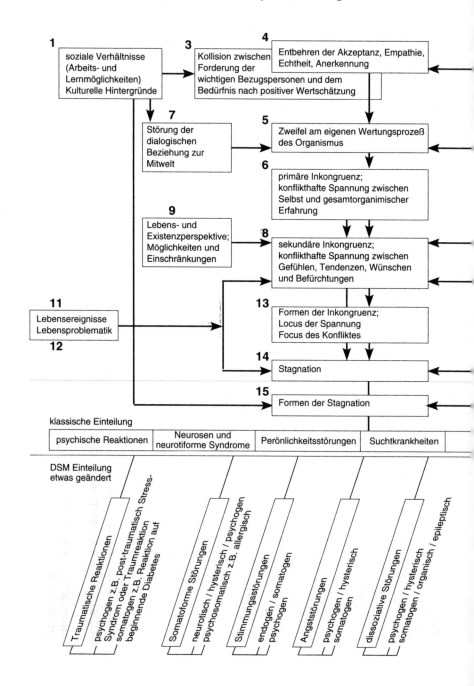

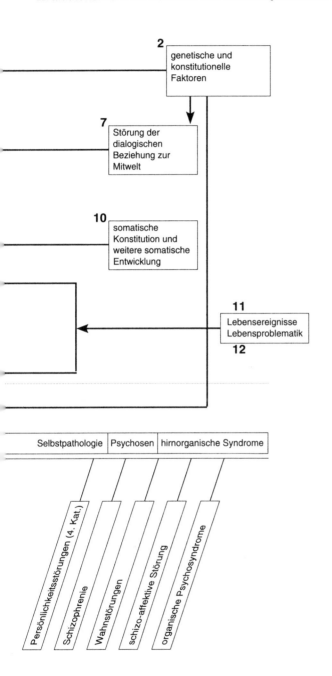

MODELL EINER KLIENTENZENTRIERTEN PSYCHOPATHOLOGIE

Copyright: Eva-Maria Biermann-Ratjen und Hans Swildens

zwischen Selbsterfahrung und gesamtorganismischer Erfahrung. Wir haben diese klassische Inkongruenz hier primäre Inkongruenz genannt.

7. Die zweite Reihe von oben zeigt als Quelle des Zweifels am eigenen Wertungsprozeß des Organismus in den Rechtecken auf der linken und auf der rechten Seite, numeriert mit 7, "Störungen der dialogischen Beziehung zur Mitwelt." Damit sind sehr grundsätzliche Unmöglichkeiten zum Dialog gemeint (wie Autismus, Taubstummheit, ernsthafte Sprechstörungen), aber auch Störungen im Kindesalter, die ich in meinem zweiten Beitrag erläutern werde.

8. Unter dem Rechteck "primäre Inkongruenz" finden wir die "sekundäre Inkongruenz": dieser Begriff wird später erläutert. Wir sehen hier schon, wie diese sekundäre Inkongruenz bisweilen auf der Basis einer primären Inkongruenz entsteht, aber öfter auch nicht. Ursachenkategorien in der zweiten oder der dritten horizontalen Reihe des Schemas, also später im Leben ihren Einfluß ausübend, sind hier von größerer Bedeutung.

9. Mit 9 numeriert links finden wir die "Lebens- und Existenzperspektive" vor. Zu denken ist an ernsthafte invalidisierende oder zum Tode führende Krankheiten, aber auch an schwer lösbare Entscheidungskonflikte oder Verarbeitungsprobleme existentieller Art.

10. Symmetrisch rechts davon und numeriert mit 10 wird deutlich, daß die somatische Konstitution (in Stichworten: Körperbau, Kraft, Gesundheit, Veranlagung und Aussehen) eine wichtige Quelle sekundärer Inkongruenz sein kann.

11./12. Beiderseits mit 11 und 12 numeriert in der vierten Reihe von oben finden wir die Kategorien "Lebensereignisse und Lebensphasenproblematik" vor. Es wird einleuchten, daß diese beiden Kategorien zutiefst eingreifen können, aber meistens erst in einer späteren Lebensphase, und daß sie immer auf dem Wege über die sekundäre Inkongruenz zu Symptomen führen.

13. In der Achse unter der "sekundären Inkongruenz" ist ein Rechteck sichtbar, numeriert mit 13: Es wird von einigen von uns angenommen, daß es auch spezifische Formen der Inkongruenz gibt, die zu bestimmten Syndromen führen können: Zu denken ist an Formen der

Inkongruenz, die mit einem speziellen Locus der Spannung zu tun haben oder mit mehr oder weniger spezifischen Foci des Konfliktes (vergl. z.B. FINKE, 1991).

Das alles führt schließlich zur "Stagnation" (14) und damit endet mehr oder weniger die psychologische, psychodynamische, ätiologische, pathogenetische usw. Betrachtung, und es beginnt die Betrachtung der Formen der Stagnation: die Psychopathologie als Syndrombeschreibung.

Als Beispiel haben wir zuerst die klassische Einteilung der psychischen Erkrankungen aufgeführt und darunter einen Teil der etwas modifizierten DSM-Einteilung.

Nicht eigens erwähnt aber omnipräsent ist in dem Schema die Aktualisierungstendenz als die vitale Kraftquelle, die diese ganze Entwicklung, auch die Fehlentwicklungen, trägt.

Eva-Maria Biermann-Ratjen

**Das Modell der psychischen Entwicklung im Rahmen
des klientenzentrierten Konzepts**[2]

Das klientenzentrierte Psychotherapiekonzept ist aus der wissenschaftlich methodischen Erfahrung mit therapeutischen Prozessen entstanden (HÖGER, 1993, S. 11 ff.), Abstraktionen von therapeutischem Handeln und Abstraktionen von den Entwicklungen des Erlebens und Verhaltens des Klienten im Verlauf eines psychotherapeutischen Prozesses. Die theoretischen Grundbegriffe des klientenzentrierten Konzeptes sind aus diesen abgeleitet. Die Entwicklungslehre des klientenzentrierten Konzeptes stellt nichts anderes. dar als den Begründungszusammenhang dafür, daß seelisches Erleben durch klientenzentriertes Handeln in Richtung auf gesünderes Erleben verändert werden kann.

Im theoretischen System des klientenzentrierten Konzepts wird ein und nur ein Entwicklungsprinzip (vgl. HÖGER in diesem Band) als Axiom vorausgesetzt: die **Aktualisierungstendenz.**

"Diese ist die dem Organismus als Ganzem innewohnende Tendenz, alle seine Möglichkeiten in einer Art und Weise zu entwickeln, daß sie den Organismus als Ganzen erhalten und fördern." (ROGERS, 1959, S. 196).

Zum Entwicklungsbestreben des **Organismus** als Ganzem gehört es, Teile seines Erlebens zu symbolisieren (ihrer gewahr zu werden, sich ihrer bewußt zu werden), sich selbst zu erfahren, aus einem Teil des Erfahrens des eigenen Seins und Handelns Selbsterfahrungen zu machen. Dieser Teil der Aktualisierungstendenz ist die **Selbstaktualisierungstendenz.**

Erfahrungen im Sinne des klientenzentrierten Konzeptes sind die Teile des Erlebens des Organismus als Ganzem, die in einem gegebenen

---

2 Dieser Beitrag bildet zugleich die Grundlage für ein Kapitel über Krankheitslehre in der 7. vollständ. überarb. Auflage des Buches von EVA-MARIA BIERMANN-RATJEN, JOCHEN ECKERT und HANS-JOACHIM SCHWARTZ (im Druck). Gesprächspsychotherapie. Verändern durch Verstehen. Stuttgart, Berlin und Köln: Kohlhammer. Mit freundlicher Genehmigung des Verlages.

Moment bewußt werden könnten. Erfahrung ist ein psychologischer Begriff, nicht z.B. ein physiologischer. Der Prozeß, in dem Erfahrung bewußt wird, ist der Symbolisierungsprozeß.

Im **Symbolisierungsprozeß** (vgl. GENDLIN, 1970) treten Körperempfindungen, Vorstellungen, Gefühle, Gedanken und Worte auf, die aufeinander bezogen sind, sich gegenseitig Ausdruck und vor allem Sinn verleihen. Der erfolgreiche Abschluß eines Symbolisierungsprozesses, der Abschluß der Entwicklung des **"felt sense"**, geht mit einer deutlichen, auch körperlich spürbaren Entspannung einher im Sinne eines: "Das ist es, was mich im Moment bewegt." Kann ein "felt sense" nicht zu Ende entwickelt werden, bleibt diese Entspannung aus.

Mehr oder weniger bewußte Erfahrung ist mehr oder weniger vollständig symbolisierte Erfahrung, das heißt auch: mehr oder weniger abgewehrte Erfahrung.

Aus Erfahrungen werden **Selbsterfahrungen** dadurch, daß sie symbolisiert werden, bewußt werden.

Es wird immer nur ein Teil der Erfahrungen des Organismus als Ganzem symbolisiert. Erfahrungen, die der Erhaltung und Förderung des Organismus als Ganzem dienen, werden dabei unterschieden von Erfahrungen der Bedrohung und Hemmung.

Aus den Selbsterfahrungen bildet sich eine Struktur, das **Selbstkonzept** (Selbst, Selbstbild, Selbststruktur).

Das Selbstkonzept entwickelt sich in Interaktionen mit der Umwelt, - aus dem sich selbst in der Interaktion mit der Umwelt erfahren - , vor allem in Interaktionen mit anderen Menschen, zu einem Wahrnehmungsobjekt im eigenen Erfahrungsfeld.

Die Aktualisierungstendenz drückt sich auch in dem Bestreben aus, den Teil der Erfahrung des Organismus als Ganzem, der im Selbst symbolisiert ist, aufrechtzuerhalten. Das heißt, der Organismus als Ganzer bewertet Erfahrungen auch im Hinblick darauf, ob sie der Aufrechterhaltung des Selbstkonzeptes dienlich sind. Dieser **Bewertungsprozess** kann zu einer Spaltung in der Aktualisierungstendenz (ROGERS, vgl. PANAGIOTOPOULOS in diesem Band) führen: das Bestreben, das Selbstbild zu entwickeln, kann kollidieren mit dem Bestreben, das Selbstkonzept aufrechtzuerhalten: mit der **Selbstbehauptungstendenz** (vgl. BENJAMIN, 1990). Die **Abwehr** steht im Dienste der Selbstbehauptungstendenz. Erfahrungen, die der Aufrechterhaltung des Selbstkonzeptes nicht dienlich sind, werden abgewehrt. Wenn sie dem Bewußtsein nicht vollständig vorenthalten werden, - das ist eine Form der Abwehr -, dann werden sie in einer Art und Weise symbolisiert, in der sie nicht als Selbsterfahrungen identifiziert, angesehen oder akzeptiert werden.

Im theoretischen System des klientenzentrierten Konzepts wird nur ein übergeordnetes, Verhalten organisierendes Bedürfnis (vgl. HÖGER in diesem Band) angenommen, **"need for positive regard"**. Seine Befriedigung ist eine wesentliche Voraussetzung für die Entwicklung. Die Nichtbefriedigung dieses Bedürfnisses kann bei Babies die Konsequenz haben, daß sie sterben.

Das klientenzentrierte Konzept geht davon aus, daß Erfahrungen, die mit "need for positive regard" verbunden sind, nur dann zu Selbsterfahrungen werden können, wenn diese Erfahrungen von einem wichtigen anderen empathisch verstanden und unbedingt wertgeschätzt werden, und d.h. auch, daß diese Erfahrungen nur dann, wenn sie als solche erkannt und um ihrer selbst willen anerkannt werden, dem Sich-selbsterleben zuerkannt werden, in das Selbstkonzept integriert werden können.

Wegen dieses Zusammenhanges zwischen "need for positive regard" und der Entwicklung des Selbstkonzepts schlagen wir vor, im folgenden "need for positive regard" zu übersetzen als Bedürfnis nach **An-Erkennung** in diesem eng definierten Sinn (vgl. BENJAMIN, 1990).

Die Voraussetzung dafür, daß ein Individuum in Erfahrungen, die mit "need for positive regard" verbunden sind, von Geburt an von einem anderen Menschen anerkannt werden kann, ist in den **Affekten** gegeben.

Die meisten Affektforscher sind sich darin einig, daß der bewußt erlebte Affekt eines Erwachsenen aus wenigstens sechs unterscheidbaren Komponenten besteht:

1. der Veränderung eines internen physiologischen und möglicherweise hormonalen Zustandes;
2. einer damit irgendwie korrelierten Veränderung eines spezifischen Ausdrucksverhaltens, sei es in der Mimik, der Vokalisation oder der Gestik;
3. der Entstehung von Handlungsbereitschaften im motorischen System, z.B. Fluchtreaktionen bei Angstzuständen;
4. der Wahrnehmung dieser drei Veränderungen durch das Individuum;

5. der Interpretation dieser Wahrnehmung durch das Individuum;
6. der Interpretation des gesamten Verhaltens durch die Umgebung.

Während die sog. Signalkomponenten des Affekts (Vokalisierung, Mimik) bereits bei der Geburt oder kurz danach entwickelt und damit für andere erkennbar sind, entwickeln sich die motorischen und kognitiven Komponenten des Affekts erst später.

Die basalen Affekte: Freude, Interesse, Überraschung, Trauer, Furcht, Ekel, Wut und Scham sind als Empfindungs- (Erfahrungs- und Bewertungs-) und Ausdrucksprogramme angeboren und unmittelbar nach der Geburt oder im Verlauf der ersten Lebensmonate an Babies beobachtbar und sicher identifizierbar, d.h. andere Menschen können sich in das Baby einfühlen, können seine Erfahrungen erkennen und an-erkennen, im Sinne von Verstehen und Annehmen, können sein Bedürfnis nach An-Erkennung befriedigen (vgl. KRAUSE, 1983).

Für die Selbstentwicklung heißt das: Die Erfahrungen des Organismus als Ganzem inklusive ihrer Bewertung als für die Erhaltung und Entwicklung des Organismus als Ganzem förderlich oder nicht können von Geburt an in den Affekten zum Ausdruck gebracht und von anderen als solche erkannt und an-erkannt werden und damit zu Kernen des Selbstkonzepts werden.

Werden Erfahrungen und ihre Bewertung und ihr Ausdruck nicht an-erkannt, können sie nicht Selbsterfahrungen werden und nicht in das Selbstbild integriert werden.

Die in das Selbstkonzept integrierten Erfahrungen sind also immer auch bewertete Erfahrungen: sowohl organismisch als auch sozial bewertete. Die soziale Bewertung lautet: der positiven Beachtung bzw. der An-Erkennung wert.

Dem Umstand, daß zur Gesamtgestalt eines bewußt erlebten Affektes des Erwachsenen (das ist eine affektiv getönte Erfahrung) auch eine Selbstwahrnehmung und auch eine Interpretation, d.h. eine Bedeutungszuschreibung, und das heißt auch kognitive Prozesse gehören, wird im klientenzentrierten Konzept dadurch Rechnung getragen, daß selten von Affekt, sondern in der Regel von Gefühlen gesprochen wird. **Gefühle** sind definiert als emotional gefärbte, als bedeutungsvoll erlebte Erfahrungen, die auch kognitive Anteile enthalten.

Die Interpretation eines Affektes geschieht in einem Symbolisierungsprozess. Das gilt sowohl für die Interpretation des eigenen affektiven Erlebens als auch für die Interpretation des affektiven Erlebens einer anderen Person, also auch für den empathischen Prozess.

Nachdem das Selbstkonzept eine erste Gestalt gewonnen hat, tritt neben das Bedürfnis nach An-Erkennung (unconditional positive regard) ein **Bedürfnis nach positive self regard**.

Das heißt:

Neue Erfahrungen werden nicht nur als für die Entwicklung und Aufrechterhaltung des Organismus als Ganzem und damit auch als der Entwicklung des Selbstkonzeptes dienlich oder nicht bewertet. Sie werden auch als das Selbstkonzept bestätigend bzw. in Frage stellend und als das Bedürfnis nach positive selfregard befriedigend oder nicht bewertet: Das Individuum möchte sich selbst in seinen Erfahrungen verstehen und akzeptieren können und auch seine Erfahrungen als seine eigenen ansehen können. Auf diese Weise kann sich die gesamtorganismische Bewertung spalten: eine Erfahrung kann als für die Aufrechterhaltung und Entwicklung des Organismus als Ganzem förderlich bewertet werden und damit zugleich als förderlich für die Entwicklung des Selbstkonzepts, denn das Selbstkonzept kann sich nur entwickeln, indem es Erfahrungen als Selbsterfahrungen integriert. Und dieselbe Erfahrung kann zugleich als bedrohlich für die Aufrechterhaltung des Selbstkonzeptes bewertet werden und als das Bedürfnis nach positiver Selbstbeachtung nicht befriedigend.

Erfahrungen, die das Selbstkonzept infragestellen und das Bedürfnis nach positiver Selbstbeachtung - im folgenden **Selbstachtung** genannt - nicht befriedigen würden, wären sie bewußt, versucht der Teil der Aktualisierungstendenz, den wir die Selbstbehauptungstendenz nennen, dem Bewußtsein fernzuhalten, d.h. abzuwehren. Gelingt diese Abwehr nicht oder nur zum Teil, ist das Individuum nicht nur gespannt, sondern erlebt Teile seines Erlebens als nicht verstehbar und/oder nicht akzeptierbar, nicht zum Selbst gehörend und/oder die Selbstachtung infragestellend.

Ein Beispiel:

Ein junger Mann leidet häufig an Herzbeschwerden. Er weiß, daß er körperlich gesund ist, und seine häufigen Arztbesuche sind ihm peinlich. Er weiß nicht, daß er Angst hat, seine Freundin könnte ihn verlassen. Er denkt zwar oft an ihre diesbezüglichen Drohungen, stellt sich auch schon einmal ein Leben ohne sie vor, denkt dann aber eher an seine Hobbies, die er ihretwegen zur Zeit vernachlässigen muß. Seine Angst, verlassen zu werden, paßt nicht in sein Selbstbild. Ihre vollständige Symbolisierung würde seine Selbstachtung infragestellen.

Das Selbstbild und die Selbstachtung - und mit ihnen die Fähigkeit, sich selbst zu verstehen und zu akzeptieren - haben sich auch bei diesem jungen Mann aus den Erfahrungen gebildet, in denen er von anderen erkannt und an-erkannt worden ist, so daß sie zu Selbsterfahrungen werden konnten.

Die Selbstbehauptungstendenz versucht nun alle Erfahrungen abzuwehren, die früher mit Nicht-An-Erkennung verbunden waren, d.h. auch, daß sie die Gefahr erneuter Nicht-An-Erkennung in sich bergen. So können wir vermuten, daß dieser junge Mann in seiner Entwicklung dann, wenn er Angst erlebte, nicht richtig verstanden wurde und/oder nicht wertgeschätzt wurde. Er wurde vielleicht als unmännlich angesehen, wenn er sich ängstlich zeigte, oder er wurde vielleicht sogar, wenn er mit Bauchschmerzen darauf reagierte, daß die Mutter sauer war oder in anderer Weise drohte, ihn zu verlassen, als kränklich oder hysterisch oder tyrannisch, der Mutter kein eigenes Leben lassend oder den Vater aus dem Felde schlagen wollend angesehen. Seine ängstliche Reaktion darauf, daß die Freundin ihn zu verlassen droht, registriert er mit einer Angst, die nur auf der körperlichen Ebene korrekt symbolisiert wird; auf der Bewußtseinsebene imponiert sie als Angst vor der Entwertung durch den Arzt und nicht als das, was sie ist: Anzeichen dafür, daß sein Selbstkonzept bzw. seine Selbstachtung bedroht sind durch eine Erfahrung.

Wir nennen den Zustand, in dem die gesamtorganismische Bewertung einer Erfahrung als der Aufrechterhaltung und Förderung des Organismus als Ganzem einschließlich des Selbstkonzeptes dienlich nicht übereinstimmt mit der Bewertung einer Erfahrung als das Selbst und die Selbstachtung bestätigend, einen Zustand der **Inkongruenz**. Im Zustand der Inkongruenz kollidiert die Selbstaktualisierungstendenz mit der Selbstbehauptungstendenz.

Der junge Mann in unserem Beispiel bringt das zum Ausdruck: Sein Wunsch, in seiner Angst verstanden zu werden, kann sich nicht anders äußern als in der Form von Herzbeschwerden. Seine Abwehr, Leistung der Selbstbehauptungstendenz, verhindert ein weiteres Bewußtwerden der Angst und bestätigt damit sein Selbstbild und seine Selbstachtung, in die Angst vor dem Verlassenwerden nicht integriert werden konnte.

Der ganz und gar psychisch gesunde Mensch in der Theorie der Gesprächspsychotherapie ist die **"fully functioning person"**. Sie hat in ihren Interaktionen mit wichtigen anderen Menschen dann, wenn es um die Integration neuer Erfahrungen, die mit dem Bedürfnis nach An-Erkennung verbunden waren, als Selbsterfahrungen in das Selbstkonzept ging, niemals etwas anderes erlebt als An-Erkanntwerden in ihren Erfahrungen. Sie kann also die Erfahrungen des Organismus als Ganzem, so wie sie sind, mitsamt deren organismischer Bewertung als Selbsterfahrungen zulassen. Die "fully functioning person" ist immer kongruent. Sie kann alle Erfahrungen vollständig symbolisieren und somit immer den erwähnten Zustand von Erleichterung oder Entspannung erreichen. Die fully functioning person ist natürlich niemals in der Realität vorzufinden - aber sie ist als theoretisches Konzept von Bedeutung.

Die Definition des mehr oder weniger gesunden psychischen Lebens im klientenzentrierten Konzept ist nämlich die eines **Prozesses**, dem sich das Individuum mehr oder weniger selbstreflexiv zuwenden kann. Die mehr oder weniger gesunde Person kann sich in der Selbstreflexion ihrer Erfahrung, die immer auch eine Bewertung ihrer selbst ist, mehr oder weniger verstehen und sich mehr oder weniger akzeptieren, mehr oder weniger einen Zustand von Kongruenz der Selbsterfahrungen mit den Erfahrungen des Organismus als Ganzem herstellen. Je gesünder eine Person ist, desto offener ist sie für die Erfahrung, für die Selbsterfahrung und für die Möglichkeit, ihr Bedürfnis nach An-Erkennung u.a. dadurch zum Ausdruck zu bringen, daß sie sich bezüglich ihrer Erfahrungen äußern, z.B. selbstexplorativ sein kann.

Neben dieser prozeßorientierten Unterscheidung zwischen mehr oder weniger gesundem psychischen Leben, - Erfahrung ist ein Prozess, dem man sich mehr oder weniger selbstreflexiv zuwenden kann -, gibt es im klientenzentrierten Konzept auch eine entwicklungsorientierte Unterscheidung zwischen mehr oder weniger frühen Störungen des Selbstentwicklungsprozesses und den entsprechenden Formen, in denen sich die Entwicklungsstörung manifestiert.

Im klientenzentrierten Konzept wird davon ausgegangen, daß die Identitätsentwicklung, das ist im klientenzentrierten Konzept die Selbstentwicklung, ein Prozeß zunehmender Differenzierung ist.

Selbsterfahrungen sind am Anfang der Entwicklung des Selbstkonzeptes Erfahrungen des Wahr- und Angenommen-Werdens, des körperlich und psychisch am Leben-Gehalten-Werdens. Wenn solche Erfahrungen nicht gemacht werden, entwickeln sich nicht etwa negative Selbsterfahrungen, aus denen dann etwa ein negatives Selbstbild entstehen könnte. Es entwickelt sich nichts. Wenn das Baby in seinen affektiven Äußerungen nicht wahr- und angenommen wird, stellt es die Äußerung affektiver Erfahrung ein, schließlich auch die Äußerung der Trauer - zu der kein motorisches Programm gehört und die zu der Erfahrung des Verlassenseins gehört. In Abhängigkeit vom Verlauf der Interaktion zwischen Baby und Pflegeperson in dieser ersten Phase entwickelt sich ein Selbstkonzept, das mehr oder weniger affektive Erfahrung überhaupt und generell als zum Selbsterleben gehörend nicht abwehren muß - man nennt das abspalten in der einen oder anderen Form - sondern an-erkennen kann, bzw. ein Selbstkonzept, in das Trauer als Selbsterfahrung integriert werden kann und sich nicht Depression in der Form des Zusammenbruchs der Selbstachtung entwickelt, wenn sich Erfahrungen, die den Traueraffekt auslösen, wiederholen.

Wenn die Bedingungen für die Selbstentwicklung in der Interaktion mit wichtigen Anderen in hinreichendem Maße gegeben waren und sich eine erste Gestalt des Selbst und der Selbstachtung entwickeln konnte, wird der Prozeß der Bewertung von Erfahrungen als das Selbst bestätigend oder bedrohend und als das Bedürfnis nach Selbstbeachtung befriedigend, selbst eine Quelle der Erfahrung: Das Bedürfnis nach positiver Selbstbeachtung wird erfahrbar. Auch diese Erfahrungen sind mit Affekten verbunden: Neben die Angst, als Signal für den drohenden

Zusammenbruch des Selbst, können nun auch andere Selbstgefühle treten: Freude an sich selbst, Überraschung über sich selbst; aber auch z. B. Ekel, Furcht, Wut und Scham angesichts von Selbsterfahrungen.

Auch diese Selbstbeurteilungen und die Affekte, in denen sie zum Ausdruck kommen, können von wichtigen Anderen richtig verstanden oder falsch interpretiert werden, an-erkannt oder bewertet werden - und dementsprechend als eine Selbsterfahrung ins Selbstbild integriert werden oder eben nicht.

In dieser Entwicklungsphase taucht die Bewertungskategorie "gut-böse" auf. Ob diese überwunden werden kann zugunsten einer klaren Unterscheidung zwischen: dieses ist meine Erfahrung, egal wie sie von mir und anderen bewertet wird, und dieses ist die Beurteilung meiner Erfahrung durch mich oder einen anderen, hängt wesentlich davon ab, ob die wichtigen Bezugspersonen vor allem die Wut, in der Ohnmacht erfahren wird, insbesondere angesichts des sich nicht verstanden und akzeptiert sehens oder des sich selbst nicht verstehen und akzeptieren könnens, als solche begreifen - und nicht z.B. als Ausdruck eines zu kontrollierenden Aggressionstriebes.

Wenn sich schließlich ein Selbst entwickelt hat, in das auch die Möglichkeit der Erfahrung von Scham und Selbstzweifeln integriert werden konnte, und die Selbstachtung nicht durch jede Form von sich nicht verständlich machen können, sich nicht selbst behaupten können und sich nicht geliebt und an-erkannt vorfinden inklusive der dazugehörenden Gefühle, vor allem der ohnmächtigen Wut, erschüttert wird, kann das Kind sein Interesse darauf richten, was es sein und werden kann - in der eigenen Wahrnehmung und in den Augen anderer - z. B. in Abhängigkeit von seiner biologischen Ausstattung als männlich oder weiblich.

War in der ersten Entwicklungsphase das Angenommenwerden von besonderer Bedeutung und in der zweiten das richtig Verstandenwerden, so kommt der Kongruenz bzw. der Inkongruenz der wichtigen Bezugspersonen in dieser dritten Entwicklungsphase eine besondere Bedeutung zu:

Wenn die Erfahrungen des Kindes nicht um ihrer selbst willen erkannt und an-erkannt werden, d.h. auch verstanden und geschätzt, sondern um der Anerkennung oder Selbstachtung und der damit verbundenen Gefühle willen, die der wichtige Andere dabei hat oder auf jeden Fall vermeiden will, und wenn dem Kind keine Gelegenheit gegeben wird, das bewußt wahrzunehmen, u.a. deswegen, weil es dem wichtigen Anderen selbst nicht bewußt ist, dann können bestimmte Erfahrungen des nicht um seiner selbst willen An-Erkanntwerdens, sondern z.B. weil männlich oder leistungsfähig etc., nicht Selbsterfahrungen werden und nicht in das Selbstbild integriert werden.

Wir gehen also davon aus, daß bei der Selbstentwicklung zu zunehmender Differenziertheit zunächst "positive regard" ganz allgemein und elementar eine Voraussetzung für die Entwicklung und Aufrechterhaltung des psychischen Lebens darstellt; daß bei der Integration von selbstreflexiver Erfahrung in das Selbstkonzept die Identifizierungen des kindlichen Erlebens durch wichtige Andere eine große Bedeutung haben und daß bei der Entwicklung der individuellen Identität des Kindes - in der Unterscheidung von anderen z. B. - an Bedingungen geknüpfte Wertschätzung vor allem unbewußter Art durch die bedeutungsvollen Anderen Art und Ausmaß der Selbstentwicklung sehr stark beeinflussen.

Ich wende mich nun der Frage zu, wie im klientenzentrierten Konzept zwischen gesundem und krankem psychischen Leben unterschieden wird.

Bei der Beschreibung der Selbstentwicklung zu zunehmender Differenzierung sind die Entwicklungsbedingungen für gesundes psychisches Leben benannt worden.

Es ist ferner gesundes psychisches Leben definiert worden als ein Prozeß der Selbstentwicklung. Aus Erfahrungen werden Selbsterfahrungen. Selbsterfahrungen werden in das Selbstbild integriert. Jede Integration einer Selbsterfahrung in das Selbstkonzept bedeutet eine Weiterentwicklung des Selbstkonzeptes.

Krankes psychisches Leben ist im klientenzentrierten Konzept zum einen definiert als Stagnation dieser Weiterentwicklung und damit als Störung der Erlebnisverarbeitung. Die Psychopathologie beschreibt die Symptome der Stagnation. Dabei unterscheidet das klientenzentrierte Konzept Symptome, die zu verstehen sind als:

Hinweise darauf, daß eine Erfahrung nicht vollständig symbolisiert und damit auch nicht integriert werden kann,

von Symptomen, die Hinweise auf den stockenden Integrationsprozess selbst sind.

Und das klientenzentrierte Konzept unterscheidet mehr oder weniger
frühe Störungen.

Hinweise darauf, daß eine Erfahrung nicht vollständig symbolisiert
und damit auch nicht integriert werden kann, sind z.B. Körperempfindungen, Vorstellungen, Gedanken, Gefühle, Worte, die einem im Kopf
herumgehen, begleitet von einem Gefühl von Gespanntheit, in denen
man sich nicht versteht und/oder akzeptieren kann.

Symptome, die Hinweise auf den stockenden Integrationsprozess selbst
sind, sind z.B. Angst oder Depression, die mehr oder weniger als solche
bewußt sein können, in der einen oder anderen Form unvollständig
symbolisiert sein können und/oder zum Beispiel nur in den physiologischen und hormonalen, Signal- oder motorischen Komponenten des
Affektsystems repräsentiert sein können.

Frühe Störungen im Sinne des klientenzentrierten Konzepts sind
Persönlichkeitsstörungen und depressive "Veranlagung" sowie Selbstpathologie (Borderline Störungen und narzißtische Störungen); spätere Störungen sind Neurosen.

Hans Swildens

Die psychogenen Erkrankungen

Wir gehen davon aus, daß die Neurosen psychogene Erkrankungen sind, obwohl wir immer wieder feststellen müssen, daß Neurotiker in ziemlich unauffälligen Familien aufgewachsen sein können, und obwohl die Aussage als ziemlich sicher angesehen werden kann, daß die Formgebung der Neurosen von Erbfaktoren mitbestimmt wird, daß diese Erbfaktoren, z.B. für eine Reaktion mit Angst oder mit depressiven Symptomen, die Weichen stellen.

Bei den psychogenen Erkrankungen, deren Ursachen im späteren Leben zu vermuten sind, spielen derartige Anlagefaktoren vermutlich auch eine Rolle. Bei diesen sind aber andere Faktorenkategorien als wesentlicher anzusehen als die Anlagefaktoren (siehe Schema, S. 72).

Wie sehen diese pathogenetischen Zusammenhänge genau aus und welche Konsequenz haben sie für unser therapeutisches Vorgehen?

Beachten wir zuerst die Faktorengruppe 1 im o.g. Schema.

Es steht außer Frage, daß eine Gesellschaftsordnung, die zur Verarmung großer Bevölkerungsteile oder ihrer Unterschichten führt, eine krankmachende Gesellschaftsordnung ist. Verwahrlosung, antisoziales Verhalten und Kriminalität sind in diesem Sinne als soziogene psychische Störungen anzusehen, bei denen bestehende miserable soziale Verhältnisse auch pathoplastisch wirksam werden. Psychotherapeutisch erreichbar i.S. von behandelbar sind in der Regel nur die Menschen, bei denen sich die sozialen Verhältnisse oder bestimmte soziale Ereignisse, wie der Verlust des Arbeitsplatzes, als die psychische Störung auslösende und formende Faktoren identifizieren lassen.

Pathoplastisch wirksam sind auch die unterschiedlichen soziokulturellen Hintergründe in unseren westeuropäischen Gesellschaften. In der Sprechstunde des Arztes oder in einer Poliklinik sehen wir z.Z. nicht nur Westeuropäer, die an einer gestörten Beziehung zu sich selbst leiden, sondern z.B. auch mediterrane Menschen, bei denen oft die gestörte Eigenbeziehung als Ursache einer Werdenshemmung weniger wichtig ist als die gestörte Außenbeziehung (PFEIFFER, 1993a). Das hat natürlich auch Konsequenzen für die Form der Gesprächspsychotherapie, wie es z.B. PORTERA (1987) erörtert hat.

Aber auch wenn wir die unterschiedlichen Subkulturen innerhalb der autochthonen westeuropäischen Völker genauer betrachten, finden wir bemerkenswerte Unterschiede in der Ausformung psychischer Störungen. In den Niederlanden war bis vor 25 Jahren der Kulturkreis der rechtgläubigen Calvinisten streng vom Kulturkreis der Katholiken getrennt: Die Gruppen mischten sich nicht und entwickelten ihre eigenen umschriebenen Neurosen und neurotiformen Störungen. Die reformiert erzogene Psychotherapeutin ALEID SCHILDER (1987) hat kürzlich diese Störungen innerhalb der reformierten Gruppe beschrieben: Die Störungen zeichneten sich aus durch umfassende Schuldgefühle, die zu ernsthaften Depressionen führen konnten und weiterhin das Leben, auch vieler ehemaliger Reformierter, zu einer Qual machten. Bei den Katholiken herrschte zwar auch das Schuldgefühl, aber mehr an Formfehler gebunden und nicht so generell. Das ist jetzt Vergangenheit, aber der heute 40-50jährige Klient reformierter oder katholischer Herkunft hat oft seine neurotiforme Depression nicht primär seinen Eltern zu verdanken, sondern dem Einfluß der Kirche, der Schule oder des Internats.

Das führt mich erneut hinüber in die Faktorengruppe 7: "Störungen in der dialogischen Beziehung zur Mitwelt": Auch wenn die ersten Lebensjahre hinsichtlich des Akzeptiert- und Verstandenwerdens von kongruenten Eltern ohne Schwierigkeiten verlaufen sind, können andere zwischenmenschliche Erfahrungen zu ernsthaften neurotiformen Symptomen führen. Das sogenannte Latenzalter ist keineswegs eine unschuldige und ungefährliche Periode im Leben eines Kindes. Die Jahre, die das Kind in der Kindergruppe verbringt, im Kindergarten oder in der Grundschule, können mit sehr traumatisierenden Erfahrungen verbunden sein, mit der Folge ernsthafter Schäden. Es geht in diesem Alter um die Aufnahme in die Gruppe der Altersgenossen. Dieser Aufnahmeprozeß kann mit hohen Anforderungen verbunden sein. Z.T. sind das Anforderungen, denen ein bis dahin gesund aufgewachsenes Kind gerecht werden kann; z.T. geht es dabei aber um solche, denen es nicht gewachsen ist. So kann es z.B. Körperbau, Aussehen und Hautfarbe nicht ändern, und wir wissen alle, daß gerade diese Variablen Anlaß für Quälerei und Abweisung werden können. Wenn schon im Elternhaus Aussehen und unangepaßtes Verhalten, z.B. das mädchenhafte Verhalten eines Jungen in einer Machofamilie, das Kind in eine Ausnahmeposition gebracht haben, dann ist es später schwer, zu unterscheiden zwischen der von EVA-MARIA BIERMANN-RATJEN besprochenen Problematik und dem, was sich in der Schule abgespielt hat. Die Diagnose Neurose im engeren Sinne ist dann wohl meistens zutreffend, denn es fehlte bereits im Elternhaus sehr früh die notwendige An-Erkennung. Aber in der Schule und auf der Straße gelten doch andere Normen und Werte als im Elternhaus. Manchmal vermutet oder erwartet die Mutter schon, daß ihr Kind abgelehnt werden wird, und versucht es zu beschützen, verstärkt damit aber oft die Abweisungswahrscheinlichkeit: Nicht nur Körperbau und Aussehen, auch sportliche Veranlagung, Ängstlichkeit, ein fremder Akzent, ein in der Umgebung der Schule ungewöhnlicher Entwicklungsstand oder ein sichtbarer Wohlstand der Familie liefern ihren Beitrag zu der Achtung, die ein Kind in der Schulklasse zu erwarten hat.

Dazu kommt noch das Benehmen des schon verunsicherten Kindes selbst: Versucht es sich draufgängerisch durchzuringen oder vermeidet es Streit und paßt sich an, versucht es sich in der Peripherie der Gruppe unsichtbar zu machen oder durch hohe Leistungen sich einen eigenen einsamen Platz in der Nähe des Lehrers zu erobern? Und wie verarbeitet das Kind die Spannung zwischen seinen Wünschen und Möglichkeiten, An-Erkennung zu finden, einerseits und den Forderungen der Gruppe andererseits?

Die Störungen, die in dieser Phase der Entwicklung ihren Ursprung haben, sind nicht die Neurosen im engeren Sinne. Es ist mit guten Gründen anzunehmen, daß die Störungen im Kindesalter um so schwerer und entwicklungshemmender sind, je früher sie das werdende Leben getroffen haben. Störungen, die schon in der präverbalen Phase ihren Ursprung haben, greifen tiefer in die Entwicklung des Kindes ein als Störungen, die eine schon zu verbaler Reflexion fähige Person treffen. Und Störungen, die auf mangelndes Angenommen- und Verstandenwerden von Eltern oder Elternsubstituten zurückzuführen sind, prägen eine werdende Person stärker als diejenigen, die ihren Ursprung in den Niederlagen, Demütigungen usw. im Schulalter haben. Die Person hat sich, wenn sie in die Schule kommt, schon in kognitiver und emotionaler Hinsicht vorläufig konsolidiert.

Depressionen mit Minderwertigkeitsgefühlen, Schuldgefühlen, fehlenden Zukunftserwartungen, kognitiver Selbstabwertung, Lern- und

Konzentrationsschwierigkeiten, Ängsten, Eß- und Schlafstörungen und schließlich eine Schulphobie sind die Erscheinungsformen dieser neurotiformen Störungen des Kindes im Grundschulalter. Diese Symptome setzen einen bestimmten Reifungsgrad der Person voraus. Ein Kind muß bereits ein klar entwickeltes Selbst- und Selbstwertgefühl haben, um auf solche Erfahrungen der Diskrepanz zwischen dem Selbstbild und der Bewertung, die es durch andere erfährt, z.B. mit Schuldgefühlen zu reagieren.

Ich möchte dafür plädieren, zu unterscheiden zwischen

1. einer primären Inkongruenz im klassischen ROGER´schen Sinn zwischen den Erfahrungen des Organismus als Ganzem und den Bedingungen, die diese Erfahrungen erfüllen müssen, wenn sie eine Chance auf An-Erkennung durch die wichtigen Bezugspersonen haben sollen. Dieser Konflikt führt u.U. zu ernsthaften Zweifeln der werdenden Person an den eigenen organismischen Wertungsprozessen und zu ernsthaften Entstellungen des sich entwickelnden und noch sehr verletzlichen Selbstkonzeptes; diese primäre Inkongruenz gehört m.E. in die pathogenetische Kette der Entstehung von Persönlichkeitsstörungen (soweit die nicht genetisch bedingt sind), selbstpathologischen Störungen und Neurosen, und zwar als das wichtigste Bindeglied, und

2. einer sekundären Inkongruenz. Unter diesen Begriff möchte ich alle später eintretenden Beeinträchtigungen der Übereinstimmung von einem mehr oder weniger konsolidierten Selbstkonzept mit den neuen inneren und äußeren Erfahrungen fassen. Ursache dieser Beeinträchtigungen können einerseits schwache Stellen im Selbstkonzept sein, sind aber andererseits neue Erfahrungen, die mit dem Selbstkonzept nicht zu vereinbaren sind. Das führt zu Diskrepanzen im Erleben der Person und zu einer konflikthaften Spannung, die sich zu einer Stagnation des Werdensprozesses entwickeln kann. Die Konsequenzen der Erfahrungen im Schulalter rechne ich zu dieser sekundären Inkongruenz.[3]

---

3   Anmerk. der Hrsg.: HANS SWILDENS vertritt damit aus einer ätiologischen Perspektive die Notwendigkeit einer Unterscheidung, die auch in den Klassifikati-

Es ist m.E. wesentlich, diesen Unterschied zu machen, denn die Störungen, die auf diese sekundäre Inkongruenz zurückzuführen sind, sind nicht Persönlichkeitsstörungen, selbstpathologische Störungen oder Charakterneurosen. Die Symptome, sie wurden z.T. schon erwähnt bei der Beschreibung der Symptome der Störungen im Schulalter, sind deswegen aber nicht weniger eindrucksvoll.

Um diese These weiter zu erörtern, werde ich nicht die ganze Psychopathologie - sofern sie mehr oder weniger psychogen bedingt ist - behandeln, sondern mich beschränken auf drei Themen, und zwar

- die psychogene Depression (DSM III R 309.00),
- die posttraumatische Belastungsstörung (DSM III R 309.89) und
- Verstimmungszustände und Anpassungsstörungen des höheren Lebensalters (ICD 10, F 06, 3 bis F 06..7).

Ich habe diese drei Krankheitsbilder ausgewählt, weil bei allen eine depressive Stimmung sichtbar ist, sie in unterschiedlichen Lebensphasen zu beobachten sind und sie die Indikation für eine Psychotherapie beinhalten, die nicht auf der Übertragung beruht und nicht die Rekonstruktion der psychischen Entwicklung beabsichtigt.

Es gibt hier in Deutschland anscheinend Kollegen, die meinen, daß eine derartige Psychotherapie diesen Namen nicht verdiene, sondern als Begleitung oder Beratung bezeichnet werden sollte. Um diesem

---

onssystemen DSM-III-R und ICD-10 gemacht wird: Viele psychische Störungen, die im Kindes- und Jugendalter auftreten, werden anders klassifiziert als wenn sie bei Erwachsenen auftreten, z.B. werden "Störungen des Sozialverhaltens" nur bei Kinder und Jugendlichen diagnostiziert, während vergleichbare Störungen im Erwachsenenalter unter die Persönlichkeitsstörungen fallen. Der Grund für diese klassifikatorische Unterscheidung liegt darin, daß sich der Verlauf der Entwicklung dieser Störungen bei Kindern und Jugendlichen vom Verlauf bei Erwachsenen unterscheiden kann: "Bei Personen unter 18 Jahren sollte anstelle einer Antisozialen Persönlichkeitsstörung eine Störung des Sozialverhaltens diagnostiziert werden, da Studien gezeigt haben, daß viele Kinder mit stark antisozialen Verhaltensweisen diese im Erwachsenenalter ablegen." (DSM-III-R, S. 406). Eine Erklärung für diese unterschiedlichen Krankheitsverläufe kann i.S. von SWILDENS darin gesehen werden, daß es sich bei den Adoleszenten um Personen mit unterschiedlich gut konsielidierten Selbstkonzepten handelt.

Mißverständnis vorzubeugen, gebe ich Ihnen die offizielle Definition von Psychotherapie, die in den Niederlanden seit 1975 Geltung hat:

Psychotherapie ist die methodisch begründete Aufnahme, Aufrechterhaltung, Nutzbarmachung und Beendigung einer Beziehung zwischen einem dazu ausgebildeten Sachverständigen und einem Patienten, d.h. einer Person, die an Beschwerden, Symptomen oder Entwicklungsstörungen leidet, mit dem Ziel, mittels dieser therapeutischen Beziehung die Symptome zu beheben, die Beschwerden zu mildern und die Entwicklungsstörungen zu beseitigen bzw. Entwicklung wieder zu ermöglichen.

Zunächst die **psychogene Depression**:

Eine psychogene Depression ist ein Zustand krankhafter Niedergeschlagenheit in der Folge eines psychotraumatischen Ereignisses oder einer längeren Periode, die gekennzeichnet ist durch belastende Verhältnisse. Der Zusammenhang zwischen dem Psychotrauma oder den belastenden Verhältnissen einerseits und der Niedergeschlagenheit andererseits ist im Erleben des Patienten ständig einfühlbar und verständlich da. Organische Faktoren spielen keine Rolle und es kommt auch fast nie zu einem vitalen Syndrom. Das Psychotrauma beinhaltet fast immer Verluste: Verluste von wichtigen Bezugspersonen, von körperlicher·Integrität (z.B. durch entstellende Operationen aber bisweilen auch durch einfache Eingriffe, z.B. vom Zahnarzt, die für den Betroffenen einen hohen Stellenwert hatten), Verluste im beruflichen Leben, Niederlagen im Kampf um Status und Ansehen, Verluste der Sicherheit und der Geborgenheit, finanzielle Verluste. Wichtig ist - wie gesagt - natürlich immer der persönliche Stellenwert: Das kann bedeuten, daß u.U. und auf verschiedenen Altersstufen Verluste als Abweisung, als Verlassenwerden oder als narzißtische Kränkung empfunden werden können. Die Krankheit kann sich mit verschiedener Thematik entwickeln und auf allen Altersstufen.

Kinder z.B. können sich vom verstorbenen oder geschiedenen Vater abgewiesen fühlen.

Adoleszenten können den Druck der Konkurrenz bei der Partnersuche als narzißtische Kränkung erleben.

Erwachsene können an einer Wahlunfähigkeit leiden, z.B. in der Form, daß sie immer meinen, etwas Besseres (eine bessere Partnerin, eine bessere Anstellung) könnte an ihnen vorbeigehen.

Ältere Menschen können die Pensionierung oder den Rückgang der Leistungsfähigkeit oder der körperlichen Funktionen als einen Verlust, aber auch als eine Kränkung auffassen.

Die Hausfrau, die drei oder mehr Kinder im Grundschulalter zu betreuen hat und keine Möglichkeit mehr sieht, auch außerhalb der Familie einen eigenen Lebensraum zu haben, kann darauf mit einer Depression reagieren.

Die Symptome können eindrucksvoll sein. Bisweilen kann die starke emotionale Verbundenheit mit demjenigen, den man verloren hat, zu einer Bewußtseinseinengung führen und dadurch zu Wahrnehmungsverfälschungen oder Pseudohalluzinationen. Heftige Affektäußerungen und psychomotorische Reaktionen (sowohl hyperkinetisch als auch stuporös), das Kultivieren des Verlustes (z.B. Grabstein-, Photo- oder Arbeitszimmerkult) und ernsthafte somatische Reaktionen können dem Krankheitsbild ein alarmierendes Aussehen verleihen. Aber die Gefühle von Schuld, Scham, Hilflosigkeit, Kummer, Angst und Wut können auch weniger auffällig zum Ausdruck kommen.

Auch bei diesem Syndrom ist die sekundäre Inkongruenz das Bindeglied zwischen dem traumatischen Lebensereignis oder der verschärften Lebensphasenproblematik einerseits und den Symptomen der Stagnation, der Depression andererseits. Die konflikthafte Spannung zwischen dem, was man war oder hatte oder hätte sein und werden können und dem, was aus einem geworden ist, wird als Angriff auf das Selbstverständnis erlebt. Die neuen Erfahrungen können nicht einfach zugelassen werden, und die Kompensationsmöglichkeiten reichen nicht aus.

Die Behandlung fordert zuerst Aufmerksamkeit für mögliche vitaldepressive Entwicklungen. Aber auch wenn diese fehlen, was in der Regel der Fall ist, braucht man öfter einige pharmakotherapeutische Hilfe. Das Hauptanliegen der Behandlung ist jedoch die Behebung der sekundären Inkongruenz, d.h.: die Verarbeitung der Verluste und Kränkungen und das Wiederaufnehmen der eigentlichen Lebensaufgabe, nämlich das Selbst zu sein, das man in Wahrheit ist.

In den meisten Fällen wird man sich hier auf ein klassisches klientenzentriertes Therapieangebot beschränken können. Nur bei einer Minderheit ist ein prozeßorientiertes Vorgehen indiziert.

Bei der **posttraumatischen Belastungsstörung** handelt es sich um eine Mischung von depressiven Symptomen und Angst, wobei die Angst im Vordergrund steht.

Weitere Unterschiede zwischen der psychogenen Depression und der posttraumatischen Belastungsstörung sind:

Die außergewöhnlichen Erfahrungen der posttraumatischen Belastungsstörung: Inzest- und Vergewaltigungserfahrungen, Kriegserfahrungen, Geiselnahme, ernsthafte Verkehrsunfälle und Katastrophen, Folter und Gefangenschaft werden bei psychogenen Depressionen nicht erwähnt.

Die Beschwerden und Symptome zeigen oft nicht einen direkten Zusammenhang mit den Ursachen. Sowohl inhaltlich wie oft auch zeitlich muß der Zusammenhang später aber festgestellt werden, z.B. während der Psychotherapie, wenn die Diagnose posttraumatische Belastungsstörung beibehalten werden soll.

Die Symptome sind Träume, oft Angstträume, und auch das Wiedererleben der Traumen im Wachen, sogenannte "flash backs", Phantasien, die manchmal nicht in direktem Zusammenhang mit dem Ereignis stehen, Schlafstörungen, Reizbarkeit und antizipatorische Angst, Konzentrationsstörungen und emotionale Hypästhesie und schließlich Schuldgefühle (die sogenannte survivor guilt).

Die Behandlung ist primär gesprächspsychotherapeutisch: Zu bearbeiten sind die Ereignisse, die als Ursachen betrachtet werden. Um diese traumatischen und katastrophalen Ereignisse durchzuarbeiten, muß der Therapeut es seinem Patienten ermöglichen, diese wiederzuerleben. Dazu reicht ein klassisches klientenzentriertes Vorgehen in der Regel nicht aus: es werden Interventionen gebraucht, die außerhalb der traditionellen klientenzentrierten Behandlungsangebote liegen, wie z. B. gelegentlich bewußtseinssenkende Interventionen. Innerhalb einer prozeßorientierten Gesprächspsychotherapie können diese außergewöhnlichen Interventionen ihren legitimen Platz einnehmen. Ich komme noch darauf zurück.

Jetzt noch einige Worte über die **Verstimmungszustände und Anpassungsstörungen des höheren Lebensalters**.

Ich verweise hierbei ausdrücklich auf PFEIFFER in seiner Reaktion auf unsere Bitte, Krankheitsbilder zu beschreiben (PFEIFFER, 1993b).

Es geht hier um Zustände komplexer Art, wobei ursächlich der somatische Rückgang, der Alterungsprozeß in seiner Anlagebedingtheit eine wichtige Rolle spielt. Es kommen aber auch frühere Lebenserfahrungen (z.B. hinsichtlich des eigenen Umgangs mit den Großeltern) und die Einbettung des persönlichen Erlebens in die Stellung und Wertung, die die Kultur jetzt dem alten Menschen zuweist, zur Geltung.

Wenn die Selbstbestätigung aus der gesellschaftlichen Position und aus beruflicher Leistung bezogen wurde, droht im Alter eine Beeinträchtigung des Selbstwertgefühls und damit eine sekundäre Inkongruenz zwischen dem Selbstbild, das dem Berufsleben angemessen war, und den gesellschaftlichen und kräftemäßigen Möglichkeiten des alternden Menschen. Es entsteht eine konflikthafte Spannung zwischen gesellschaftlichen Anforderungen und dem Schwinden der Kräfte, und aus diesem Konflikt können sich neurotiforme Symptome ergeben: Der alte Mensch fühlt sich in seinem aktuellen Zustand entwertet, ist unzufrieden oder leidet an Kontaktverlust, Egozentrismus, Medikamentenmißbrauch.

Hinsichtlich der Prognose ist es wichtig, wie weit die alternde Person ihr Leben persönlich gestalten und mit Sinn erfüllen kann.

Die Gesprächspsychotherapie richtet sich auf:

das Akzeptieren des Nachlassens,

das Erkennen der positiven Möglichkeiten des neuen Lebensabschnittes,

das Zurechtkommen mit der veränderten gesellschaftlichen Position und Situation,

die Auseinandersetzung mit Versäumnissen und Verlusten in der Vergangenheit, die Aussöhnung mit Menschen und Ereignissen, das Erkennen und Akzeptieren des eigenen Scheiterns

und schließlich den Versuch einer Integration und Sinnfindung angesichts des Lebens als Ganzem, auch im Hinblick auf das nahende Lebensende.

In der Regel wird in diesen Fällen ein klassisches klientenzentriertes Angebot ausreichend sein, um diese Ziele zu erreichen.

Eva-Maria Biermann Ratjen

Die Psychogenese der Neurosen[4]

HANS SWILDENS hat ausgeführt, daß wir alle damit leben müssen, mit mehr oder weniger Chancen auf die Welt gekommen zu sein, An-Erkennung von anderen Menschen, nicht nur von unseren Eltern, in unseren Erfahrungen zu erhalten, und daß wir alle mit mehr oder weniger schwer zu verarbeitenden Erfahrungen im Verlaufe auch unseres späteren Lebens konfrontiert werden, die uns krank machen können. Nicht nur Wiederholungen von Erfahrungen, in denen wir in unserer frühen Entwicklung nicht angenommen, verstanden und akzeptiert worden sind, können uns in einer Art und Weise dekompensieren lassen, in der wir uns nicht verstehen und vor allem nicht akzeptieren können - vielleicht für immer. Das hat er uns am Beispiel von unter anderem depressiven Entwicklungen in verschiedenen Lebensabschnitten und in der Reaktion auf unterschiedliche Belastungen demonstriert.

Er hat vorgeschlagen, von einer sekundären Inkongruenz zu sprechen, die erst nach der eigentlichen frühkindlichen Entwicklung entsteht, im Unterschied zur primären Inkongruenz, die mehr in einer grundsätzlichen Nichtübereinstimmung zwischen den gesamtorganismischen Bewertungen von Erfahrungen und den Bewertungen von Erfahrungen besteht, die durch das Selbstkonzept und das Bedürfnis nach positiver Selbstbeachtung - bzw. Selbstachtung - vorgegeben sind.

Bevor ich mich der Beschreibung der Psychogenese der Neurosen zuwende, die ätiologisch betrachtet auf einer primären Inkongruenz beruhen, pathogenetisch betrachtet sich aber ohne Erfahrungen, die zur Entwicklung einer sekundären Inkongruenz führen, gar nicht denkbar sind, möchte ich zunächst etwas zu den akuten Symptomen der Stagnation des Selbstentwicklungsprozesses sagen.

---

4   Dieser Beitrag bildet zugleich die Grundlage für ein Kapitel über Krankheitslehre in der 7. vollständ. überarb. Auflage des Buches von EVA-MARIA BIERMANN-RATJEN, JOCHEN ECKERT und HANS-JOACHIM SCHWARTZ (im Druck). Gesprächspsychotherapie. Verändern durch Verstehen. Stuttgart, Berlin und Köln: Kohlhammer. Mit freundlicher Genehmigung des Verlages.

Der Prototyp der akuten psychogenen Erkrankung ist die akute Belastungs- oder Krisenreaktion. Sie zeigt die gesamte Bandbreite der Symptomatik der akut erlebten Inkongruenz.

Die Belastungsreaktion wird hervorgerufen durch ein außergewöhnlich belastendes Lebensereignis. Als außergewöhnlich belastend werden Erlebnisse empfunden, die eine ernsthafte Bedrohung der Sicherheit oder körperlichen Unversehrtheit einer Person oder einer geliebten anderen Person beinhalten: Katastrophen, Unfälle, Kriegskampf, Verbrechen, Vergewaltigung, aber auch ungewöhnliche plötzliche Veränderungen der sozialen Stellung und/oder des Beziehungsnetzes eines Individuums, wie zum Beispiel durch mehrere Todesfälle (vergl. ICD-10, WELTGESUNDHEITSORGANISATION, 1991)

Innerhalb meist weniger Minuten entwickelt das Individuum typischerweise eine Art Betäubung, eine Bewußtseinseinengung mit eingeschränkter Aufmerksamkeit, eine Unfähigkeit, Reize zu verarbeiten, und Desorientiertheit. Diesem Zustand kann ein weiterer Rückzug aus dem Kontakt mit der Umwelt folgen bis hin zu dissoziativem Stupor, aber auch ein Unruhezustand und Überaktivität, wie Fluchtreaktionen oder Fugue.

Meist treten vegetative Anzeichen panischer Angst, wie Tachycardie, Schwitzen und Erröten auf. Nach dem anfänglichen Zustand von Betäubung werden Depression, Angst, Ärger, Verzweiflung, Hyperaktivität und Rückzug beobachtet. Kein Symptom ist längere Zeit vorherrschend.

Die akute Belastungsreaktion klingt innerhalb weniger Stunden ab, wenn das belastende Erlebnis endlich ist. Wenn die Belastung weiter besteht, stellen sich die Symptome in der Regel nach 24 bis 48 Stunden ein und sind gewöhnlich nach drei Tagen nur noch minimal vorhanden.

Traumatisierende Lebenssituationen sind also solche, in denen das Überleben des Organismus als Ganzem als bedroht erfahren wird oder/ und die Bedingungen für die Integration von Erfahrungen in die psychische Organisation in Form von "positive regard" oder "positive self regard" entfallen.

Sie werden erfahren als Angst, weniger kognitiv repräsentiert als zunächst auf der Ebene der Körperreaktionen und der motorischen Programme, verbunden mit dem Prototyp der Abwehr von Erfahrung: mit einer Einengung des Bewußtseinsfeldes: Der Erfahrung wird der Zugang zum Gewahrsein verschlossen. Wenn die Bewußtseinseinengung nachläßt, drängen zunächst Affekte, der Prototyp von Erfahrung, in den Erfahrungsraum: und zwar Angst, Wut und Verzweiflung.

Die posttraumatische Belastungsstörung, die auch die traumatische Neurose genannt wird, die einem Trauma mit einer Latenz von Wochen bis Monaten folgen kann, und die unter Umständen in eine anhaltende Persönlichkeitsveränderung einmünden kann, ist prototypisch für den Verlauf des Versuches der Integration einer Erfahrung in das Selbstkonzept, bzw. für die Weiterentwicklung der Symptome der Stagnation des Werdensprozesses.

In der posttraumatischen Neurose taucht das traumatisierende Ereignis unausweichlich immer wieder in der Erinnerung auf: Es wird im Gedächtnis immer wieder reinszeniert, taucht in Tagträumen oder in Träumen auf. Die Abwehr der Erfahrung gelingt nicht. Gleichzeitig ist die an einer posttraumatischen Belastungsstörung leidende Person emotional zurückgezogen bzw. zeigt Anzeichen für Gefühlsabstumpfung und vermeidet vor allem Reize, die eine Wiedererinnerung an das Trauma hervorrufen könnten. Der Versuch der Abwehr der belastenden Erfahrung wird auf andere Erfahrungen ausgedehnt. Zusätzlich sind oft vegetative Übererregtheit mit Vigilanzsteigerung zu beobachten und eine beeinträchtigte Stimmung bis hin zu Suizidgedanken. Selten kommt es zu dramatischen akuten Ausbrüchen von Angst, Panik oder Aggression, ausgelöst durch eine plötzliche Erinnerung.

An der posttraumatischen Belastungsstörung können wir sehen, wie das sich wiederholende Scheitern der Integration einer Erfahrung als Selbsterfahrung in das Selbst aussieht:

Es wird immer wieder versucht, die Erfahrung zu symbolisieren, wobei es auf der Ebene der Körperempfindungen und der Vorstellungen bleibt, da zugleich versucht wird, die gefühls- und vorstellungsmäßigen Anteile der belastenden Erfahrung nicht wieder zu beleben. Dabei droht eine Generalisierung der Abwehr gegen die Erfahrung:

- aus der Bewußtseinseinengung wird emotionale Zurückgezogenheit bis Gefühlsabstumpfung,

- aus der Angst angesichts der bedrohlichen Erfahrung wird Angst vor neuer Erfahrung überhaupt,
- aus der Erfahrung der Wertlosigkeit des eigenen Lebens und Erlebens in den Augen der Bedroher oder der Bedrohung werden eigene Zweifel am Wert des eigenen Lebens und Erlebens überhaupt,
- und aus der erlebten ohnmächtigen Wut wird Dauerwachsamkeit.

Wir gehen davon aus, daß im Verlauf der frühkindlichen Selbstentwicklung in Situationen, in denen Lebensgefahr bestand - und das Kind ist nicht in der Lage, sich selbst am Leben zu erhalten -, An-Erkennung ausblieb oder anderweitig die Integrationsfähigkeit der psychischen Organisation in Frage gestellt war, z.B. durch die Wiederholung einer Erfahrung, die schon früher nicht hatte Selbsterfahrung werden können, eben solche akuten Belastungsreaktionen ausgelöst worden sind: mit Bewußtseinseinengungen, Selbstzweifeln, Flucht- und Aggressionsimpulsen. Für die weitere Entwicklung des Kindes wird es insbesondere von hoher Bedeutung sein, daß diese Belastungsreaktionen als solche - in der deutschen Sprache können wir das auch klar verbalisieren: wir sagen, jemand gerät außer sich - und nicht als Ausdruck von irgendetwas anderem verstanden und akzeptiert, das heißt an-erkannt werden, ohne in der wichtigen Bezugsperson eigene Gefühle auszulösen, die diese blind für die Wahrnehmung der Gefühle des Kindes - eigentlich sind es ja Symptome - machen. Wir gehen davon aus, daß in Abhängigkeit von der An-Erkennung gerade in diesen affektiven Erfahrungen durch andere und damit in Abhängigkeit von der Möglichkeit der Integration dieser Erfahrungen als Selbsterfahrungen in das Selbstkonzept der spätere Erwachsene das eine oder andere Symptom der Belastungsreaktion als zu seinem Erleben gehörend oder nicht ansehen wird, wenn sie später wieder erlebt werden.

An unseren Borderlinepatienten z.B. können wir täglich erleben, daß sie sich dauernd und zurecht von der Überflutung durch die Affekte der akuten Belastungsreaktion bedroht fühlen. Sie sind in ihrer Entwicklung besonders dann nicht verstanden worden, wenn sie in der Reaktion auf die Erfahrung, daß ihre Mütter ihre Verselbständigungsversuche nicht an-erkennen konnten, mit Panik reagierten: diese Panik wurde von den Müttern z.B. als Aggressivität gedeutet.

Mit den Symptomen der zur Neurose erstarrten Belastungsreaktion sind die Leitsymptome benannt, anhand deren traditionellerweise neurotische Erkrankungen klassifiziert werden: Angst, Dissoziation, Zwang, Depression.

Neurotische Personen sind dadurch gekennzeichnet, daß es ihnen nicht gelingt, bestimmte Symptome der akut erlebten Inkongruenz als Selbsterfahrungen zu integrieren, und durch bestimmte Formen, in denen die Stagnation des Werdensprozesses zum Ausdruck kommt. Wenn sie Bewußtseinseinengungen, Angst, Depressionen oder Kontrollverlust erleben, wird ihnen nicht bewußt, daß sie auf eine Erfahrung reagieren, durch die sie in ihrem Selbst und in ihrer Selbstachtung bedroht sind. Sie können ihre Symptome der akuten Belastungsreaktion nicht als Ausdruck ihrer eigenen Bewertung ihrer Erfahrungen ansehen.

Dabei ist die akute Belastungsreaktion eine durchaus verstehbare und akzeptierbare Äußerung der gesamtorganismischen Bewertung der Erfahrung, körperlich oder psychisch in Lebensgefahr zu sein: Sie macht Sinn. Sie löst Angst aus und damit Fluchtimpulse; sie schirmt das Bewußtsein gegenüber der Erfahrung ab; sie mobilisiert Aggressionen, d.h. ein Sich-zur-Wehr-setzen; sie äußert sich in Depression als Anzeichen der Abwehr der erfahrenen Wertlosigkeit in den Augen anderer als Selbsterfahrung.

Früher wurden die Neurosen entsprechend den Symptomen, die ihr Beschwerdebild dominierten, klassifiziert:
- der unverstandenen Angst,
- der Bewußtseinseinengung, vor allem gegenüber der eigenen Erfahrung,
- der Kontrolle,
- der Depression.

Es wurden auch die hinter diesen unverstandenen Befindlichkeiten stehenden Impulse, der belastenden Situation zu entkommen, entdeckt und benannt:
- die Fluchttendenz der Angstpatienten,
- die "Täuschungsmanöver" der hysterischen Patienten,
- die Aggression hinter den Zwängen,
- und die Verleugnung des Bedürfnisses nach Selbstachtung der Depressiven.

Es wurde auch dargestellt, daß es typische Verhaftungen an bestimmte Teile des Symbolisierungsprozesses zu beobachten gibt: bei den Angstpatienten und Zwangskranken an Vorstellungen, bei den Depressiven an Gedanken, bei den Hysterikern an Körperempfindungen, ein Phänomen, das die Verhaltenstherapie zu nutzen verstanden hat: sie hat Methoden entwickelt, Vorstellungen und Gedanken zum Beispiel zu modifizieren.

Es ist auch möglich, - und das wird HANS SWILDENS noch ausführen, - diese Symptome von Inkongruenz phänomenologisch zu analysieren und zu verstehen:

- die Flucht der Angstpatienten nicht nur aus ihrer belastenden Situation, sondern auch aus ihrer Selbstentwicklung,
- das Drängen der Hysteriker nach An-Erkennung, ohne sich selbst anzu-erkennen, was einer Weigerung, ihr eigenes Leben zu leben, gleichkommt,
- das Kontrollbedürfnis der Zwanghaften, auch was die Kontrolle über die eigene Entwicklung anbelangt,
- und die Selbstaufgabe der Depressiven.

Obwohl es sicher ist, - HANS SWILDENS wird das noch aufgreifen - daß Fliehen, Täuschen, Kontrollieren/Verteidigen und Erstarren - auch die Muster sind, mit denen Tiere in lebensgefährlichen Situationen reagieren, und obwohl es Hinweise darauf gibt, daß die Wahl von Angst, Hysterie, Zwang und Depression auch anlagemitbestimmt ist, ist es doch bemerkenswert, daß Patienten ihre Eltern und deren Verhaltensweisen so schildern, daß man sich gut vorstellen kann, daß sie gerade in den Symptomen ihrer Belastungsreaktion, in denen sie sich besonders wenig verstehen und annehmen können, auch von ihren Eltern nicht an-erkannt worden sind:

die Ängstlichen schildern ihre Eltern als ängstlich, besonders was das Vertrauen in die eigenen Fähigkeiten der Kinder anbelangt;

die Hysterischen berichten von hochdramatischen affektiv emotionalen Auseinandersetzungen mit den Eltern, bzw., daß die Wahrnehmung ihres Erfahrens in den affektiv emotionalen Erfahrungen der Eltern untergegangen ist,

die Zwanghaften wurden von hochkontrollierten Eltern streng kontrolliert,

und die Depressiven wurden tatsächlich verlassen - oder bei Nicht-
gefallen emotional verlassen.

In der Sprache des klientenzentrierten Konzepts leiden also Neurotiker
an einer Verletzlichkeit ihres Selbstkonzepts und ihrer Selbstachtung,
die ätiologisch betrachtet darauf zurückzuführen ist, daß sie in ihrer
frühkindlichen Entwicklung bei bestimmten Erfahrungen an einem Mangel an Einfühlung, Wertschätzung und Kongruenz ihrer Bezugspersonen
zu leiden hatten mit dem Effekt, daß diese Erfahrungen nicht Selbsterfahrungen werden konnten.

Auch der Prozeß der Empathie ist ein Symbolisierungsprozeß, in dem
ein Individuum in eigenen Körperempfindungen, Vorstellungen, Gedanken und Gefühlen und Worten das empathisch erfaßte Erleben eines
anderen identifizieren kann. Dieser Verstehensversuch kann mißlingen:
eine Mutter kann z.B. die Körperempfindungen ihres Kindes erfassen,
aber sie entwickelt dazu ganz andere eigene Vorstellungen als das Kind.
Der Effekt eines solchen unvollständigen Einfühlungsprozesses der
Person, auf deren An-Erkennung das Kind angewiesen ist, ist der, daß
sich das Kind in seinen Erfahrungen nicht vollständiger wahrnehmen
kann, als es wahrgenommen wird und dementsprechend einen Teil seiner
Erfahrung nicht als Selbsterfahrung in das Selbstkonzept integrieren
kann.

Wenn sich solche zuvor nicht oder nur unvollständig an-erkannten
Erfahrungen wiederholen, können sie nicht bzw. nur unvollständig
symbolisiert werden.

Das Scheitern des Integrationsprozesses löst einen Alarmzustand aus.

Auch diese Erfahrung kann von wichtigen anderen mehr oder weniger
vollständig an-erkannt werden und damit mehr oder weniger vollständig
als Selbsterfahrung in das Selbstkonzept integriert werden: "So fühle
und denke und phantasiere ich, wenn ich nicht verstanden, nicht ohne
Bedingungen angenommen werde, jemanden aus der Fassung bringe mit
meinen Affekten, oder in körperlicher Lebensgefahr bin."

Wenn im späteren Leben des Neurotikers Erfahrungen gemacht
werden, die das Selbst und die Selbstachtung bedrohen, wird dieser
Alarmzustand erneut ausgelöst.

Wenn nun auch noch die Symptome oder bestimmte Teile des Alarmzustandes früher von wichtigen Anderen nicht oder nur z.T. symbolisiert an-erkannt worden sind, wird der spätere Neurotiker sie ebenfalls nicht oder nur z.T. symbolisieren können.

Zur Entwicklung einer Neurose bedarf es also der Wiederholung einer Erfahrung, in der der Klient als Kind nicht an-erkannt worden ist. Den neurotischen Entwicklungen liegen in der Regel nicht einzelne Traumen zugrunde, sondern Jahre des Zusammenlebens mit Bezugspersonen, die das Kind nicht einfach um seiner selbst willen annehmen konnten, sondern weil es bestimmte Bedingungen erfüllte, z.b. die, daß es männlich war; oder die das Kind wegen bestimmter Bedingungen, die es nicht erfüllte, z.B. weil es nicht so intelligent war, wie die Eltern meinten, daß ihr Kind es sein müßte, nur bedingt annehmen konnten.

Die wichtigen Bezugspersonen der späteren Neurotiker reagierten zusätzlich dazu, daß sie ihr Kind nur bedingt akzeptieren konnten, auch noch nicht verstehend und nicht annehmend, in der Regel mit eigenen, wenig reflektierten Affekten auf die affektiven Reaktionen ihrer Kinder, mit denen diese auf Erfahrungen reagierten, durch die sie sich in ihrem Selbstkonzept und in ihrer Selbstachtung bedroht sahen.

Die Dekompensation einer neurotischen Störung wird dadurch ausgelöst, daß sich die Erfahrungen, die nicht Selbsterfahrungen werden konnten, wiederholen und die Symptome der Belastungsreaktion auslösen. Da diese beim Neurotiker nicht abklingen können - wie das bei der gesunden Belastungsreaktion der Fall ist -, weil z.B. die Erfahrung von Bewußtseinseinengung, Angst, Aggression und Depression ebenfalls nicht Selbsterfahrungen werden können, weil z.B. die Konzentrationsstörungen des Kindes als Ausdruck von Faulheit, oder sein außer sich geraten als Ausdruck eines kräftigen Aggressionstriebes, seine Angst als Tyrannei und seine Depression als Unzufriedenheit angesehen worden sind, dann bleibt der neurotische Patient dem einen oder anderen Symptom der posttraumatischen Belastungsreaktion, in der einen oder anderen Form symbolisiert, verhaftet.

Wir, die Therapeuten, werden dann zunächst die Symptome der Alarmreaktion ernstzunehmen und zu verstehen haben und dem Klienten helfen müssen, die Alarmreaktion vollständig zu symbolisieren und sich in ihr zu verstehen und zu akzeptieren. Erst danach können wir daran gehen, mit dem Klienten zusammen zu explorieren, welche Erfahrungen ihn als Wiederholung einer früheren Erfahrung, die er nicht hat in sein Selbstkonzept integrieren können, alarmiert haben.

Die klientenzentrierte Therapie eines Neurotikers wird immer eine prozeßorientierte sein müssen:

> wenn nicht in der Symptomphase die Symptome als Ausdruck eines stagnierenden Prozesses des Sich-selbst-Verstehens und damit der psychischen Weiterentwicklung verstanden worden sind, kann mit der klientenzentrierten Phase der Therapie im engeren Sinn nicht begonnen werden.

HANS SWILDENS wird das im folgenden Kapitel noch weiter ausführen.

Hans Swildens

Über die differentielle Behandlung der psychogenen Erkrankungen

Nachdem EVA-MARIA BIERMANN-RATJEN die Ätiologie und die Pathogenese der Neurosen besprochen hat, ist es jetzt meine Aufgabe, die neurotischen Syndrome zu unterscheiden und für diese unterschiedlichen Syndrome geeignete Behandlungsstrategien vorzuschlagen.

Wir haben bisher folgendes festgestellt:

Fast alle Störungsbilder sind multikausal bestimmt, und sowohl mehr allgemeine Ursachen als auch sehr spezifische haben ihren eigenen wichtigen Platz bei der Entstehung der Störungen.

Der Begriff der Inkongruenz nimmt einen zentralen Platz in unseren Überlegungen ein. Wir haben ihn z.T. expliziert: Inkongruenz bedeutet nicht nur Nicht-Deckungsgleichheit zwischen gesamtorganismischer Erfahrung und Selbsterfahrung, sie bedeutet auch erlebte Spannung zwischen Selbstkonzept und nach Symbolisierung drängender Erfahrung. Und wir haben unterschiedliche Stufen von Inkongruenz vorgestellt. Damit hat dieser wichtige Schlüsselbegriff an Klarheit und Brauchbarkeit gewonnen. In Übereinstimmung mit dieser Standpunktausdifferenzierung haben wir die Ziele der klientenzentrierten Gesprächspsychotherapie umdefiniert als Versuche, die konflikthafte Spannung zwischen neuen Erfahrungen und dem Selbstkonzept oder zwischen Derivaten dieser beiden zu beheben oder zu mildern, indem wir dem Klienten eine Beziehung anbieten, in der wir empathisch akzeptierend und kongruent sind, so daß er seine innere Spannung angstfrei erfahren und sich explorieren kann, schädliche Abwehrmanöver überflüssig werden können, und neue Selbsterfahrungen und damit ein gesünderes Gleichgewicht zwischen Erfahrung und Selbstkonzept als Ausgangspunkt für weiteres Wachstum möglich werden.

Wenn wir jetzt weiter differenzieren, werden wir uns der phänomenologischen Methode bedienen, die der ätiologischen zwar entgegenkommt, aber nicht mit ihr zusammenfällt. Wir stehen dann auf dem festen Boden der sich zeigenden Wirklichkeit und nähern uns wieder den ROGER'schen Grundsätzen.

Für das richtige Verständnis dieses Gedankenganges fangen wir am besten bei den neurotiformen Syndromen der Erwachsenen an. Im zweiten Teil meiner Ausführungen habe ich diese Syndrome besprochen ohne Hinweis auf ihre phänomenale Tönung.

Die Verstimmungszustände und Anpassungsstörungen des höheren Lebensalters z.B. wurden den Symptomen und den Ursachen nach ausgeführt, die für den Klienten oft so typische Tönung aber fehlte in der Beschreibung. Für unser therapeutisches Vorgehen ist diese aber außerordentlich wichtig. Der Ältere, der in seiner Jugend erfahren hat, daß er nur durch theatralisches Lärmen die Aufmerksamkeit seiner Umgebung auf sich zu richten vermochte, wird auf Vernachlässigung durch seine Umgebung mehr demonstrativ reagieren als sein Altersgenosse in ähnlicher Situation, der sich vor allem depressiv-paranoisch benehmen wird, weil ihm im Schulalter die Rolle des Außenseiters aufgezwungen wurde mit der Folge, daß er auch im späteren Leben auf Zurücksetzung durch ein verdrießliches Sich-Zurückziehen reagieren wird.

So formen und tönen unsere persönlichen Antworten auf Frustrationen in der Vergangenheit auch unsere Reaktionen auf spätere Verluste und Enttäuschungen. Das ist um so mehr der Fall, je mehr es um die Wiederbelebung frühkindlicher Erfahrungen geht, die nicht später im Leben durch korrektive emotionale Erfahrungen ausgeglichen werden konnten.

Hier sind auch andere als nur persönlich-familiäre Faktoren wirksam. Trauerreaktionen sehen bei Orientalen völlig anders aus als bei Menschen z.B. in den Niederlanden: Es wäre dann auch nicht korrekt, das Verhalten der Trauernden bei einer arabischen Beerdigung als hysterisch zu bezeichnen. Auch konstitutionelle Faktoren spielen bei der Formgebung der Störungsbilder, bei der Pathoplastik also, eine Rolle: So prägt eine neurasthenische Konstitution z.B. eine Depression manchmal so sehr, daß sie einer organischen Depression zum Verwechseln ähnlich sieht.

Zurück zu den Neurosen: Wenn schon die neurotiformen Syndrome nicht frühkindlicher Herkunft geprägt sind von Verhaltensmustern aus der früheren oder späteren Vergangenheit, um wieviel mehr ist das zu erwarten bei frühen Störungen (Persönlichkeitsstörungen, Selbstpathologie) und bei Neurosen. Ich werde mich jetzt auf die konkreten Neurotiker konzentrieren, die mir im Sprechzimmer begegnen und bei denen ich mich frage, was sie mir mit ihren Symptomen zu sagen versuchen. Denn Neurosen sind Störungen, aber sind sie auch Krankheiten? Oder nicht vielmehr Botschaften?

Wenn jemand erfährt, daß er Krebs hat, stellt er sich Fragen: Wodurch ist mein Magenkrebs entstanden? Inwiefern habe ich zu dem Entstehen beigetragen? Er stellt sich auch andere Fragen: Wozu habe ich Krebs und wie muß ich damit leben? Es kündigt sich der Tod an: Wie soll ich mich dazu verhalten, damit umgehen?

Diese Fragen stellt sich auch der neurotisch Erkrankte, aber die Antworten, die schon für den Krebskranken eine riesige Aufgabe bedeuten, sind für den Neurotiker undurchsichtiger und wegen seines persönlichen Anteils an dem Entstehen und der Aufrechterhaltung seiner Beschwerden auch Gewissensfragen. Natürlich gibt es da Unterschiede zwischen unverständlichen phobischen oder Konversionssymptomen einerseits und durchaus verständlichen Bewußtseinsstörungen, Gedächtnisstörungen um traumatische Ereignisse herum andererseits, mit dem unglücklichen Skript des Charakterneurotikers in einer Zwischenstellung.

In allen Fällen ist eine phänomenologische Betrachtung der neurotischen Situation notwendig, um den Klienten als hilfesuchende Person verstehen zu können.

Vieles hängt gerade vom Ergebnis dieser phänomenologischen Betrachtung ab, z.B. welche spezifischen Widerstände man zu erwarten hat und ob eine klassische klientenzentrierte Behandlung ausreichen wird oder doch eine prozeßorientierte Vorgehensweise zu bevorzugen ist.

Ich möchte jetzt zuerst einmal auf diesen Unterschied eingehen. Dazu ist zu empfehlen, sich vorzustellen, wie ein klientenzentriertes Behandlungsangebot vom Klienten ohne spezifische Widerstände angenommen und beantwortet wird. Der Klient sucht Hilfe, weiß aber nicht, wie die genau aussehen wird: Er hofft, aktiv vom Therapeuten beraten zu werden oder ähnliches. Die Herstellung einer Beziehung zum Therapeuten steht am Anfang jeder Therapie. Wenn der Therapeut dann dem Klienten keine Lösung vorschlägt, ihm keine Aufträge erteilt, ihn vielmehr sich selbst überläßt, fängt der Klient an, auf seine eigenen Gefühle, Gedanken, Befürchtungen und Wünsche zu achten. Der Klient wird fortfahren sich zu explorieren, dabei vom Therapeuten begleitet werden, bis er auf eine Barriere stößt. Dann stockt der Prozeß und dann wendet sich der

Klient wieder an den Therapeuten mit der Bitte, bisweilen verdeckt, um mehr aktive Beteiligung seitens des Therapeuten. So verläuft der klassische klientenzentrierte Prozeß als eine Spirale: Die Phasen der Introspektion und des den Therapeuten Fragens wechseln sich ab, aber nicht zirkulär, sondern spiralförmig, schrittweise vorankommend und sich vertiefend.

Ich habe schon von den psychogenen Depressionen gesprochen, bei denen dieses Verfahren u.U. ausreicht: dann nämlich, wenn der Zusammenhang zwischen Trauma und Symptomen auch dem Patienten von Anfang an klar war. Bei den von PFEIFFER (1993b) erwähnten älteren Klienten wird das häufig der Fall sein, aber die Generalisierung des Vernachlässigungserlebens durch den älteren Menschen verlangt doch bisweilen eine aktivere, auf den Prozeß gerichtete Vorgehensweise. Das ist noch mehr der Fall, wenn der Zusammenhang zwischen dem Trauma und den Beschwerden nicht oder nur sehr mangelhaft bewußt ist, wie z.B. bei der posttraumatischen Belastungsstörung. Dann wird der Therapeut dazu gezwungen sein, die Abfolge der Phasen im Therapieprozeß genau zu beobachten: Gelingt es dem Patienten, eine ausreichende Motivation zu entwickeln (Motivationsphase)? Ist er imstande, sich mit seinen Symptomen auseinanderzusetzen (Symptomphase)? Kann er sich selbst erleben als jemanden, der nicht nur Symptome hat sondern auch und vor allem in einer konflikthaften Spannung lebt, Konflikte mit anderen Menschen hat und auch mit sich selbst? (Konflikt-/Problemphase). Kann er sich schließlich aus diesen inneren und äußeren Konflikten dermaßen befreien, daß er wieder imstande ist, sein Lebens als Werden und Wachsen zu übernehmen? (existentielle Phase).

Der relativ gesunde Klient mit Problemen und/oder Symptomen wird den oben genannten Aufgaben gewachsen sein und Nutzen haben von der klientenzentrierten Gesprächspsychotherapie.

Der früh geschädigte Patient mit Selbstpathologie (Borderline-Patienten und narzißtisch-neurotische Patienten) braucht aber eine mehr stützende Vorgehensweise, wobei der Therapeut sich zunächst vertraut machen sollte mit der Scham, der Angst, der Wut und der Eifersucht dieser äußerst verwundbaren Person, und erst nachdem sich eine für den Patienten sichere Beziehung entwickelt hat, vorsichtig mit seiner Arbeit anfangen, und zwar mit der Stärkung des schwachen Selbst und dem

Abbau der pathologischen Abwehrmechanismen. Damit setzt er sich zum Ziel, dem Patienten zu helfen, sich zu behaupten und sich mit dieser Selbstbehauptung abzufinden.

Zwischen diesen beiden Extremen, also dem relativ gesunden Klienten und dem früh gestörten Patienten, finden sich die neurotischen Patienten. Es gelingt ihnen häufig nicht, ohne spezielle Maßnahmen voranzukommen, aber sie brauchen sich in der Regel auch nicht zufrieden zu geben mit einer nur mehr oder weniger stabilen Selbstbehauptung.

Ihr phänomenologisches Feld wird gekennzeichnet durch drei wichtige Strukturen: und zwar die Mythe, das Alibi und die Verhaltensmuster, die die Person in ihrem zukunftsorientierten Wählen blockieren. Mythe, Alibi und Verhaltensmuster bringen die Abwehr, den Widerstand und vor allem die Verschlüsselung der neurotischen Problematik in Symptomen zum Ausdruck.

Ich habe in den letzten Jahren häufiger und an mehreren Stellen über diese phänomenologischen Strukturen gesprochen und geschrieben, auch auf Deutsch (SWILDENS 1989a und b, 1990, 1991a und b, 1993) und vor allem in meinem Buch von 1991b. Ich möchte mich bei dieser Gelegenheit also nicht wiederholen, aber ich muß doch einiges, m.E. wichtiges dazu sagen: Wie sicher wir auch davon überzeugt sind, daß Schäden im Kindesalter als Folge mangelnder oder sogar fehlender Akzeptanz, Empathie und Echtheit seitens der wichtigen Bezugspersonen die Keime waren, aus denen sich die Neurosen im engeren Sinne entwickelten, es bleibt das dennoch eine Betrachtungsweise, die nicht zu einem differentiellen Therapieangebot führen kann. Die Neurotiker, die wir in der Praxis als Opfer dieser Mangelerlebnisse antreffen, lassen sich nicht charakterisieren als leidend an typischen Folgen der Mängel der einen oder der anderen Grundbedingung. Sie brauchen alle ein übergreifendes und totales klientenzentriertes Beziehungsangebot. Ausnahmen, oder vielmehr zeitweise Einschränkungen dieses expliziten Beziehungsangebotes benötigen hingegen gerade die frühen Störungen: Die Persönlichkeitsstörungen und die Süchtigen (die benötigen z.B. vorübergehend Hinweise darauf, daß sie in ihrem Verhalten (!) nur bedingt akzeptiert werden) und die Patienten mit Selbstpathologie (die sind vorübergehend darauf angewiesen, daß sich der Therapeut mit seinen verbalen empathischen Äußerungen (!) zurückhält).

Das differentielle Vorgehen des Gesprächspsychotherapeuten bei verschiedenen Neurosen hat sich vielmehr an dem zu orientierten, was sich an Diskrepanzen i.S. von Inkongruenz im Erleben des Klienten zeigt. Diese Diskrepanzen kommen in der Art und Weise zum Ausdruck, in der der Patient seine Geschichte erzählt (sein 'verhaal' auf Niederländisch, mit ihrer Konnotation des sich Wiederholens und des Nachforderns), in dem, was er von seiner Vergangenheit erzählt und wie er sich und seinen Zuhörern seine Mißerfolge erklärt, in seinen Symptomen und in der Art und Weise, in der er mit ihnen umgeht, in seinem Verhalten, mit dem er zu erreichen versucht, daß seine verfestigte Daseinsform nicht infragegestellt werden kann, im Vermeidungsverhalten des Phobikers, in dem auf Kontrolle und Territoriumsüberwachung ausgerichteten Verhalten des Zwangsneurotikers und in dem Vortäuschen lebendiger Aktivität des Hysterikers.

Die Neurose hat Ursachen, und damit haben wir uns bereits oben ausführlich beschäftigt. Aber sie hat in der humanen Situation - und nur in dieser Situation dürfte der Begriff der Neurose gebraucht werden - auch eine Bedeutung und einen Sinn. Die Neurose funktioniert, indem sie den Menschen entläßt aus der Pflicht, Zukunft anzutreten, dadurch, daß sie ihm die Möglichkeit eines existentiellen Alibis verschafft.

"Ich kann doch nicht weiter mit meiner Vergangenheit, mit meinen Symptomen, mit meiner Angst, mit meinen Zweifeln, mit meiner Depression usw."

Wir befinden uns dabei natürlich im Kerngebiet der Klientenzentrierten Psychopathologie, nämlich im Gebiet der Inkongruenz (neu interpretiert). Diese Inkongruenz wurde von EVA-MARIA BIERMANN-RATJEN schon ausführlich erörtert. Ich möchte mich hier anschließen, aber nicht ohne dargelegt zu haben, daß das, was sich als Inkongruenz zeigt, nie eine klare polare Spannung zwischen A und B beinhaltet: das wäre eine Konstruktion. Die Phänomenologie der Inkongruenz zeigt uns in erster Linie ein Knäuel von Diskrepanzen, das erst in der hermeneutischen Arbeit des Gesprächspsychotherapeuten in all seinen Kollisionen, Interferenzen, Interaktionen, Konflikten und anderen Dynamismen, die sich am Rande des Bewußtseins abspielen, entwirrt werden kann.

Die Arbeit des Gesprächspsychotherapeuten ist aber im prozeßorientierten Verfahren nicht ohne weiteres gleichzusetzen mit Hermeneutik.

Gerade wo so lange und so viel investiert worden ist in verhüllende Dynamismen (Abwehr), in Symptome und in eingeschränktes Verhalten, wie bei der klassischen Neurose, reichen häufig klientenzentrierte Interventionen im engeren Sinne nicht aus.

Mit dem Konzept der unterschwelligen Wahrnehmung und der unbewußten Wahrnehmungsverweigerung hat Rogers bereits eine ausschließlich kognitive Theorie des Unbewußten verlassen zugunsten einer motivationalen bzw. volitiven Theorie (FINKE, 1989). Damit wird auch das Änderungsparadigma der Selbstexploration bzw. Selbstexplizierung mit Hilfe eines klientenzentriert gestalteten Beziehungsangebots unzureichend. Gerade bei den Neurosen, bei den Persönlichkeitsstörungen und bei der Selbstpathologie ist die Stagnation begründet in einem bereits entstellten Weltentwurf. Die Art der Entstellung ist dabei oft eine mehr oder weniger typische (hysterische, depressive, phobische, zwanghafte). Sie hat prognostischen Wert z.B. hinsichtlich des Phasenverlaufs der Therapie, und sie sagt manches aus über den zu erwartenden Widerstand und über die Notwendigkeit deblockierender Eingriffe. Diese Eingriffe - ich denke dabei an mehr die Selbstexploration lenkende Interventionen - sind einerseits klientenzentriert, indem sie dem Bezugsrahmen des Klienten völlig Rechnung tragen, andererseits aber bleiben sie nicht innerhalb des maieutischen Wirkungsrahmens der klassischen klientenzentrierten Therapie, sondern veranlassen aktiv helfend den Klienten dazu, die Hintergründe seiner festgefahrenen Existenz ausfindig zu machen und aus diesen Einsichten auch Konsequenzen zu ziehen.

Also: Eine differenzierte Gesprächspsychotherapie, hervorgehend aus einer differentiellen Psychopathologie? Blicken wir zum Schluß noch einmal zurück. Die Differenzierung innerhalb der Psychopathologie hat ihren Ursprung in kausalen Kategorien und Serien von Ursachen.

Die Differenzierung aber, die wir jetzt bei der Betrachtung der Behandlung der Neurosen vornehmen, ist eine phänomenologische. Sie ist aber teils zurückzuführen auf die Ethologie. Die typischen neurotischen Muster sind in der Vertebraten-Reihe zurückzuverfolgen: Vermeiden, Kontrollieren, Täuschen und Erstarren. Sie werden auch von Menschen nicht bewußt gewählt, sind aber nur z.T. genetisch oder konstitutionell bedingt.

Die menschliche Dimension wird erkennbar, wenn diesen ethologischen Mustern Sinn und Bedeutung verliehen wird: Sie gehören damit nicht mehr ausschließlich zur Natur, sondern werden in ihrer kommunikativen und die Zukunft versperrenden Funktion humanisiert (so wie der Körper zum Leib humanisiert wird).

In welchem Alter diese Humanisierung anfängt, ist noch unklar, aber sie ist sicher nicht nur an die Verbalisierungsmöglichkeit gebunden. Die Anfänge der Selbstreflexion sind im Babyalter bereits zu beobachten, wenn auch erst mit dem Erwachsenwerden die in Potenz vorhandene humane Situation völlig zur Entfaltung kommt oder kommen kann. Humanisierung, Zukunftsorientierung im existentiellen Sinne und neurotische Entwicklung wurzeln in der gleichen Grundbedingung: nämlich der Möglichkeit zur Selbstreflexion.

Ich muß bei dieser Gelegenheit einem Mißverständnis versuchen vorzubeugen: Zukunftsorientiert im existentiellen Sinne bedeutet nicht: fliehen vor dem Heute, in dem wir leben, oder Pläne machen für die Zukunft, sondern wissen wollen um unsere Aufgabe: unserem Leben Sinn und Bedeutung zu verleihen aus der Sicht auf unsere Endlichkeit und so diejenigen zu werden, die wir sind.

Eva-Maria Biermann-Ratjen

Abschließende Bemerkungen

Wir haben versucht, die Krankheitslehre des klientenzentrierten Konzeptes darzustellen als die Lehre von den Störungen des Prozesses der Humanisierung (Menschwerdung, Personwerdung), der auf der Fähigkeit zur Selbstreflexion (Selbsterfahrung) beruht.

Damit verbunden haben wir die Darstellung der Selbstentwicklung auch in der Psychotherapie als einen Prozeß der Ermöglichung von Selbsterfahrung, auch der Selbsterfahrung in der Stagnation der Selbstentwicklung.

Wir haben zunächst eine entwicklungspsychologische Perspektive eingenommen und unterschieden zwischen den Erfahrungen (Bedürfnis nach "positive regard", affektives Erleben), die Inhalte der Selbstreflexion werden können, dem Prozess, in dem Selbstreflexion verläuft (Symbolisierungsprozess), und den Strukturen, die sich aus der Selbstreflexion entwickeln (Selbstbild, Bedürfnis nach positiver Selbstbeachtung, Selbstbehauptungstendenz), die ihrerseits Inhalt einer selbstreflexiven Erfahrung werden können.

Wir haben festgestellt, daß die Struktur, die sich aus der Selbstreflexion entwickelt, ein Abbild von Beziehungserfahrungen ist: In ihr sind nicht nur Erfahrungen und Selbsterfahrungen abgebildet, sondern es gibt in ihr auch die Spuren der Symbolisierungen und Bewertungen, die das eigene Erleben in der Wahrnehmung durch andere erfahren hat: das werdende Selbst kann sich nur mit dem, in dem es korrekt identifiziert worden ist, identifizieren.

Ausgehend von der akuten Belastungsreaktion haben wir gezeigt, daß auch im Erleben von Gesunden nachweisbar ist, daß ein völliges Fehlen von positive regard sowohl als Inhalt einer Erfahrung als auch bei einer Erfahrung oder in der Folge einer Erfahrung zu einer sichtbaren und erfahrbaren Störung des Prozesses der Selbstreflexion und damit der Integration von Erfahrung in die Selbstorganisation führt.

Die Symptome dieser Störung, der Stagnation des Selbstentwicklungsprozesses, sind Dissoziation, Angst, Wut und Depression.

Am Beispiel der neurotischen Erkrankungen haben wir zu verdeutlichen versucht, daß auch die Wahl der einen oder anderen Form
des Ausdrucks des Erlebens der Stagnation vermutlich genetisch
mitbestimmt ist, daß aber die Möglichkeit, sie zu reflektieren, psychoge-
netisch bedingt ist.

Wenn sie verstanden und akzeptiert werden als sinnvoll, was sie sind,
können auch sie zu Selbsterfahrungen werden und aus ihrer Funktion als
neue Erfahrungen und damit Weiterentwicklung verhindernd zugunsten
der Aufrechterhaltung eines entstellten Weltentwurfs entlassen werden.

Warum eine Krankheitslehre?

Hat CARL ROGERS nicht deutlich genug gesagt, daß eine Psychotherapie entweder eine Begegnung von Person zu Person ist oder keine?

Zeigt nicht auch die Grundlage unserer Krankheitslehre, die Entwicklungslehre, daß die falsche Interpretation eines Erfahrungsprozesses eines
lebendigen Menschen diesen erfrieren läßt?

Welches Erkenntnisinteresse haben wir bei der Explikation unserer
Krankheitslehre?

Ich möchte abschließend auf zwei Bestandteile des Erkenntnisinteres-
ses hinweisen, die mich dazu bewegen, mich mit der Explikation unserer
Krankheitslehre zu befassen:

Zum einen scheint es mir an der Zeit zu sein, den "ambivalent positiven" Stellungnahmen der Hochschullehrer und Psychotherapeuten, die
andere Psychotherapieschulen vertreten, entgegenzutreten und deutlich
zu machen, daß sie einem Mißverständnis des klientenzentrierten Konzepts aufsitzen.

Der von uns im übrigen hochgeschätzte A. E. MEYER - einer der
Autoren des "Forschungsgutachtens zu Fragen eines Psychotherapeutengesetzes" (Meyer et al. Hrg., 1991) schreibt zum Beispiel im Vorwort
zur "Krankheitslehre der Gesprächspychotherapie" herausgegeben von
TEUSCH & FINKE (1993, S. 5):

"Meine positive Valenz begründet sich darin, daß ich aufgrund unserer Untersuchungen vertrete, daß die personenzentrierte Therapie einige Probleme des Kurz-sein-müssens auf eine elegante Weise
und mit guten Wirksamkeitsnachweisen gelöst hat. ...Ich halte die

personenzentrierte Therapie ... für eine Fokal-Therapie mit invariantem (d.h. für alle Klienten oder Patienten identischen) Focus, welcher implicite lautet: Erkenne Deine Gefühle und drücke sie aus und akzeptiere Dich selbst. Dies ist das Entscheidende, das, was Du brauchst, um leben zu können. Dieses Therapieziel kann von den meisten Klienten bald erreicht werden, und da diese inhaltliche Akzentuierung die vorhandenen Symptome desakzentuiert und biographische Reminiszenzen vorwiegend entsprechend ihrer damaligen und heutigen emotionalen Bedeutung wertet, und nicht als Glieder in einem noch sorgfältig aufzuklärenden individualhistorischen Gewordensein, bleibt die personenzentrierte Therapie meist kurz..."

"Meine negativen Valenzen richten sich zum einen auf ein überirdisch positives Menschenbild, in welchem Aggressivität oder gar Destruktivität schlicht nicht vorkommen...und bei welchem kaum je reflektiert wird, daß die Selbstentfaltung des Einen leicht mit der Selbstentfaltung seines Nächsten kollidiert.

Zum anderen stört uns eine Über-Ökonomie der Theorie der personenzentrierten Therapie, welche weder Differentialdiagnostik benötigt noch eine differentielle Technik (und somit auch nicht liefert)."

Die Explikation unserer Krankheitslehre kann zum einen zeigen, daß wir keineswegs ein überirdisch positives Menschenbild haben. Aggression spielt in unserem Menschenbild im Gegenteil eine ganz besonders herausragende Rolle, und zwar in zweifacher Weise:

Wir haben einen ganz anderen Begriff von Aggressivität als z.B. die orthodoxe Psychoanalyse. Wir sehen in der Aggression nicht z.B. den Ausdruck eines Todestriebes, der zu sublimieren wäre, sondern die auch affektive Reaktion auf eine Bedrohung des körperlichen und/oder psychischen Lebens.

Da nicht als eine solche Reaktion sondern als Triebderivat auch von vielen Eltern und auch von Psychotherapeuten so oft mißverstanden bzw. unempathisch interpretiert, ist die Aggressivität ein Phänomen, an dem wir besonders oft und besonders deutlich sehen können, wie eine nicht empathische Interpretation, die Falschverstehen beinhaltet, zur Entwicklungsstockung - übrigens inklusive der zu ihr gehörenden Symptome, auch der Aggression - führen kann.

Am Konzept Aggressivität als Trieb läßt sich besonders gut nachvollziehen, was C. ROGERS dazu veranlaßt hat, davon Abstand zu nehmen, Theorien an lebendiges Leben anzulegen.

Die Explikation der Krankheitslehre des klientenzentrierten Konzeptes kann zum anderen verdeutlichen, daß es dem klientenzentrierten Psychotherapeuten nicht darum gehen kann, seinem Klienten beizubringen, seine Gefühle auszudrücken und zu akzeptieren. Sie kann hingegen verdeutlichen, daß es dem klientenzentrierten Psychotherapeuten darum gehen muß, daß er lernt, die Gefühle seines Klienten zu verstehen und zu akzeptieren - und daß das ein sehr komplizierter Prozess sein kann, der sich in der Regel nicht ohne differentialdiagnostische Überlegungen entwickelt.

Die Explikation der Krankheitslehre des klientenzentrierten Konzeptes kann auf diesem Hintergrund auch verdeutlichen, daß es in der personzentrierten Therapie tatsächlich nicht um die Aufklärung des historischen Gewordenseins eines Individuums geht, sondern um dessen Selbstwerdung.

Und schließlich kann die Explikation der Krankheitslehre des klientenzentrierten Konzepts verdeutlichen, daß die Konzeption des klientenzentrierten Therapeutenverhaltens nicht die Konzeption eines differentiellen therapeutischen Vorgehens ist, sondern die Abstraktion der Beziehung, die ein Therapeut zu einem Klienten haben sollte und deren konkrete Herstellung, Aufrechterhaltung und Gestaltung sehr diffizil, differenziert und damit den jeweiligen Situationen entsprechend auch differentiell sein muß.

Hans Swildens

**Primäre und sekundäre Inkongruenz in der Praxis:
eine Falldarstellung**

Eine 48jährige, hochqualifizierte Krankenschwester, Oberschwester einer Onkologischen Abteilung, wurde mir vom Betriebsarzt überwiesen. Er meinte, sie sei depressiv und brauche dringendst Psychotherapie.

Ich empfing eine 48jährige Frau, die aussah wie eine 58jährige: eine faltige, trockene Haut, trockene, ungepflegte Haare, sehr magere Figur, sorgenvolle, traurige Mimik.

Sie erzählte mir, daß sie seit 2 Jahren nicht mehr arbeite; vor einem Jahr hätte sie versucht, ihre Arbeit wieder aufzunehmen, aber schon nach wenigen Wochen hätte sie sich wieder zurückziehen müssen. Der Hausarzt hätte sie immer nur mit Tranquilizern behandelt und gesagt, sie hätte ein burn-out-Syndrom als Folge ihrer 15jährigen Arbeit mit Krebspatienten und sie brauche jetzt in erster Linie Ruhe. Aber vor einigen Monaten hätte er sie doch an eine Psychologenpraxis überwiesen, damit sie wenigstens mit jemandem sprechen könne.

So waren die Aufgaben schön verteilt und ein fataler Ausgang zu befürchten.

Ich fing an, eine Krankengeschichte zu erheben, und vernahm dabei: daß sie morgens um 4.00 Uhr aufwachte und dann nicht mehr einschlief; daß ihr dann sehr traurig zumute war und daß sie grübelte über den Sinn ihres Lebens, ihre nicht gewollte Kinderlosigkeit, die Zukunft ihrer Ehe und ihre Berufsperspektive. Suizidgedanken wurden verneint; der Hausarzt hätte sie auch öfter danach gefragt. Allerdings hätte sie manchmal das Gefühl, es wäre besser, wenn sie nicht mehr aufwachen würde, wenn ihr Leben von selber enden würde; aber Phantasien oder sogar Pläne, selber ihr Leben zu beenden, fehlten. Sie war vor allem vormittags sehr depressiv und völlig inaktiv, saß nur da und schaute vor sich hin. Am Abend fühlte sie sich in der Regel etwas besser. Im letzten Jahr hätte sie 10 kg abgenommen und das Essen schmecke ihr überhaupt nicht, sei ihr sogar zuwider. Ihr Sexualleben, schon zuvor nicht sehr lebhaft und leidenschaftlich, aber doch bisweilen von ihr als lustvoll erlebt, war inzwischen völlig zum Stillstand gekommen. Der Stuhlgang zeigte Verstopfung.

Über die Diagnostik wäre in dieser Phase vieles zu sagen. Namentlich eine phänomenologische Vorgehensweise würde diese Werdenshemmung mit ihren typischen Störungen, z.B. des Zeit- und Raumerlebens, umfassender beschreiben können. Das ist aber jetzt nicht beabsichtigt. Die klientenzentrierte Konzeptentwicklung ist derzeit in erster Linie interessiert an der Suche nach den Ursachen. Hoffentlich wird sie auf die Dauer das Interesse an der phänomenologischen Betrachtungsweise bewahren.

Als mögliche Ursachen für diese traurige Entwicklung meinte die Patientin, folgendes anmerken zu können:

Vor zwei Jahren sollte sie, vom Krankenhaus dazu angewiesen, einen Kurs machen über neuere Entwicklungen bei der Krebsbehandlung. Ihr Stellvertreter auf der Abteilung, die sie leitete, ein Pfleger, dem sie sehr vertraute, sollte die Leitung der Abteilung zeitweise übernehmen. Als aber der Kurs schon angefangen hatte, wurde dieser Stellvertreter von der Direktion des Krankenhauses auf eine andere Abteilung versetzt, und die Onkologische Abteilung, ihr Herzenskind und ein wichtiger Teil ihres Lebens, geriet ins Wanken. Sie brach den Kurs ab und meldete sich krank, fühlte sich sehr unruhig und ängstlich, schlief nicht mehr, hatte keinen Appetit mehr und entwickelte innerhalb einiger Tage bis Wochen phobische Beschwerden. Sie hatte namentlich zuerst Angst, sich mit einer nicht richtig sterilisierten Injektionsnadel mit dem HIV-Virus, dem AIDS-Virus also, infiziert zu haben. Sie wurde untersucht, und es zeigte sich, daß sie seronegativ war. Das beruhigte sie einigermaßen, aber schon bald kamen ihr neue Zweifel: sie fürchtete, selber krebskrank zu sein. Dieser Befürchtung war viel schwieriger zu begegnen, und es dauerte längere Zeit, bis auch diese phobischen Ängste abklangen.

Es kam ihr aber jetzt der Gedanke, daß ihre Ehe nicht tauge. Darüber ist vieles zu erwähnen. Der Mann wurde von ihr beschrieben als freundlich, hilfsbereit, schweigsam, bedacht auf seine Ruhe. Sie waren seit 20 Jahren verheiratet, aber er war während der ersten 15 Jahre der Ehe als Maschinist auf Frachtschiffen gefahren, und er war demzufolge immer für längere Zeit nicht zu Hause. Sie fühlte sich in dieser Seemannsehe sehr wohl. Vor 5 Jahren aber war er von der Schiffahrtsgesellschaft in eine Verwaltungsstelle versetzt worden, fuhr also täglich ins Büro und kam jeden Abend nach Hause. Das bedeutete das Ende der Seemannsehe und auch das Ende der Freiheit der Seemannsfrau. Sie machte sich jetzt in ihrem depressiven Zustand Vorwürfe darüber, daß sie sich nicht über die zugenommene Anwesenheit ihres Mannes gefreut hatte. Dabei blieb sie sehr positiv in ihrer Beurteilung seiner Haltung ihr gegenüber: er habe sie immer gestützt in den beiden traurigen Jahren, habe sie nie im Stich gelassen, habe sich nicht einmal verärgert geäußert über ihre Inaktivität und ihre Klagen. Die Ehe war anscheinend mehr orientiert auf ein Nebeneinander, die eigenen Aufgaben erfüllen, zusammen Wohlstand aufbauen, füreinander sorgen und vor allem sich gegenseitig in Ruhe lassen.

Sie erlebte das jetzt als eine Beziehung, in der sie sich schuldig gemacht hatte. Die Kinderlosigkeit war zwar nicht gewollt - beide Eheleute hatten sich bezüglich ihrer Fertilität untersuchen lassen -, aber Kinder wurden sicher auch nicht vorbehaltlos ersehnt. Beide waren ambivalent hinsichtlich der Opfer, die gebracht werden müßten, falls sich ein Kind melden würde. Sie erlebte das jetzt als schuldigen Hedonismus und ihr Leben dadurch als sinnlos und verloren.

Jetzt zur Diagnose: Die Diagnose in dieser Phase war deutlich. Es handelte sich um eine Melancholie: nach DSM-Maßstäben waren 7 der 9 Merkmale einer Melancholie vorhanden.

Gerade das vitale Syndrom oder die Melancholie ist ein ausgesprochenes Krankheitssyndrom: Es greift tief ein in die körperlichen Funktionen, wenn es nicht schon gerade aus dem Körper heraus zu verstehen ist, als Hemmung des ganzen Menschen, beginnend mit seiner Leiblichkeit.

Psychotherapie, auch Gesprächspsychotherapie, ist hier sinnlos. Die Krankheit muß mit Medikamenten behandelt werden. Kürzere klientenzentriert geführte Begleitgespräche können die pharmakotherapeutische Behandlung unterstützen und die Kontinuität der Beziehung pflegen. Letzteres ist notwendig, denn in einer späteren Phase der Behandlung, nach dem Abklingen der Melancholie, ist meistens eine existentielle Verarbeitung und bisweilen, von einer neuen diagnostischen Situation aus, eine Gesprächspsychotherapie erforderlich.

Das war auch hier der Fall. Ich verschrieb der Patientin ein neueres Antidepressivum mit nur wenigen unerwünschten Nebenwirkungen. Sie war nicht suizidal, konnte also mit größter Vorsicht ambulant behandelt werden. Und in der ambulanten Praxis gibt man am besten Antidepressiva, die weniger Nebenwirkungen haben und dadurch eine größere Compliance und eine geringere Wahrscheinlichkeit für einen Suizidversuch mit dem Medikament garantieren.

Sie, unsere Patientin, erholte sich innerhalb von drei Wochen fast völlig: Nur die erste Viertelstunde nach dem Erwachen blieb noch für längere Zeit etwas schwierig, aber sie schlief gut und war tagsüber gut gelaunt und aktiv. Sie nahm zu, hatte wieder Appetit und schien sich bei jedem Besuch weiter verjüngt zu haben. Nur das sexuelle Interesse blieb gering. Später stellte sich heraus, daß diese Ausnahme nicht etwa zufällig war.

In dieser Phase der Behandlung war es möglich, diagnostisch weiter voranzukommen. Warum und wie hatte sich dieses Syndrom entwickeln können?

Die erste Überlegung bei einem derartigen Syndrom ist die Frage nach genetischen und konstitutionellen Faktoren. Die Melancholie ist meistens als eine Verschlimmerung einer Depression im engeren Sinne aufzufassen oder als Ausdruck einer bipolaren Stimmungsstörung. In beiden Fällen ist zuerst an hereditäre Ursachen zu denken. Aber bei dieser Frau waren nie zuvor in ihrem Leben Stimmungsschwankungen dieser Art aufgetreten, und auch in ihrer Familie gab es keine Mitglieder, die je depressiv gewesen oder überhaupt psychiatrisch behandelt worden waren. Das beweist nicht, daß es keinen genetischen Faktor für das Zustandekommen dieses Krankheitsbildes gab: Die Familie war nämlich sehr klein und zu klein, um zu gültigen Schlußfolgerungen in bezug auf eine depressive Veranlagung zu kommen. Vorläufig müssen wir aber genetische Einflüsse außer Betracht lassen.

In erster Linie schien es so zu sein, daß die Lebensphasenproblematik (Involutionsalter, Kinderlosigkeit), die aktuellen Lebensereignisse (Bedrohung ihrer Abteilung, andere Beziehung zum Ehemann) und die Einschränkung der Lebensperspektive zu einer sekundären Inkongruenz geführt hatten mit konflikthafter Spannung zwischen den Lebenserwartungen und den diesbezüglichen Wünschen, zwischen Gefühlen der Trauer und Befürchtungen einerseits und der Selbstentfaltungstendenz und dem, was sie an Enttäuschung spüren durfte, andererseits.

Das Problem der sich entwickelnden Diagnose und die Art und Weise, wie die Patientin das auch als eine Frage erfuhr, veranlaßte mich, den Vorschlag einer richtigen Gesprächspsychotherapie auszusprechen, natürlich erst, nachdem sie sich weiter erholt hatte und sie besonders ihre Beziehungen zu ihren Freunden und Kollegen wiederhergestellt hatte, ihr gesellschaftliches Netz wieder intakt war. Denn die Faktorenkategorie "soziale Verhältnisse usw." war noch gar nicht in Betracht gezogen worden als mögliche Ursache ihrer Melancholie. Diese Kategorie erwies sich aber als sehr wichtig für die Aufrechterhaltung und Verschlimmerung der Depression: Die Frau hatte sich zunächst selbst isoliert, wollte nicht depressiv und klagend andere belästigen oder von anderen bemitleidet werden. Aber im Laufe der Zeit war sie dann auch tatsächlich von ihren Freunden mehr oder weniger widerwillig geschont und gemieden worden.

Mein Vorschlag einer Gesprächspsychotherapie wurde nicht vorbehaltlos akzeptiert. Sie zögerte und machte schließlich den Vorbehalt, die Therapie müsse sich vor allem auf die Möglichkeiten beziehen, derartige Depressionen in Zukunft zu vermeiden.

Obwohl die Orientierung des Menschen auf seine Zukunft hin mir sehr am Herzen liegt, insbesondere bei Menschen nach ihrer Lebenswende, gab mir doch diese von ihr gewünschte Einschränkung des Therapieprozesses zu denken. Ich entschloß mich, klientenzentriert und offen anzufangen, aber namentlich die erste Phase, die der Motivationsentwicklung, sorgfältig zu beachten.

Die Diagnose war jetzt: postmelancholischer Zustand. Existentielle Problematik war zu erwarten. So fing es auch an. Die Klientin, keine Patientin mehr, sprach über ihre Arbeitsstelle und über ihre Ehe und über beider Perspektiven. Sie sprach im Rahmen der Therapie auch mit ihrem Arbeitgeber und fand da viel Verständnis für ihre Situation. Die Kinderlosigkeit blieb längere Zeit (ungefähr sechs Wochen) unerwähnt. Stattdessen sprach sie von ihren Urlaubsplänen zusammen mit ihrer Schwester und deren Ehemann. Seit ihr Mann nicht mehr zur See fuhr, verbrachten sie jeden Sommer zu viert ihre Ferien.

Es war nicht ganz auf der Stelle treten, aber wesentlicher Fortgang wurde in der Therapie nicht erzielt. Ich wurde dann schließlich aktiver. Als sie über ihren Mann etwas Oberflächliches erzählte, fragte ich, wie sie sich kennengelernt hatten und wie sie sich von Anfang an ihre Ehe vorgestellt hatten. Das emotionalisierte sie sichtbar. Dann kam nach und nach die Geschichte einer Abtreibung in einer früheren Beziehung zur Sprache. Es war die Zeit, in der Abtreibung als eine Art Heldentat der Frauenemanzipation galt. Die Motive waren kaum wichtig: Das Kind war einfach noch nicht erwünscht, also weg damit: Die Frau sei doch Herrin im eigenen Bauch. Bei uns in den Niederlanden war das wohl am schlimmsten. Eine durch die Medien weiter aufgestachelte Gruppe habgieriger Ärzte machte aus der Abtreibung bis in der zweiten Hälfte der Schwangerschaft eine komplette Industrie, sogar eine Exportindustrie. Der Gesetzgeber zögerte, und die Exekutive in der Person des Justizministers war zu feige zum Eingreifen wegen der Macht der Medien und wusch sich wie Pilatus die Hände. Diese Beschreibung der damaligen Situation wurde von der Patientin teils als Selbstbeschuldigung, teils als Selbstrechtfertigung vorgebracht.

Zu dieser Zeit war meine Klientin 25 Jahre alt, unverheiratet, beschäftigt mit ihrer Ausbildung. Der Vater des Kindes brach mit ihr, nachdem sie im Sog der öffentlichen Meinung ihre Ausbildung, jetzt und sofort, der Mutterschaft vorgezogen hatte.

Hier zeigt sich der Einfluß der soziokulturellen Faktorengruppe: Die Frau vermochte sich nicht dem sozialen Druck der Öffentlichkeit zu entziehen aus Angst, als altmodisch beschimpft zu werden.

Sie wurde aber nie damit fertig, betrachtete sich selbst als sündig und minderwertig, heiratete einen Mann, der ihr nur eine Seemannsehe zu bieten hatte, dem sie die Treue hielt, auch wenn sie ihn nicht wirklich liebte, und sie wählte im Beruf die am wenigsten hoffnungsvolle Stelle. Sie strafte sich und entwertete sich.

In der Therapie wurde jetzt auch klar, warum sie so durcheinander geriet, als sie vernahm, daß ihre Abteilung erschüttert zu werden drohte durch ihre Abwesenheit: Sie empfand das als einen erneuten Verrat an von ihr abhängigen Menschen.

Diagnostisch sind wir jetzt in einer völlig anderen Phase angelangt. Die jetzige Diagnose lautet: psychogene Depression (vgl. SWILDENS: "Die psychogenen Erkrankungen" in diesem Band).

Denn es handelt sich um eine Depression, die eine für den Klienten erkennbare, verständliche und nachvollziehbare Beziehung aufzeigt zu Verlusterfahrungen, Erniedrigungen, Schuld, existentieller Bedrohung oder anderen ernsthaften Frustrationen in der Vergangenheit. In diesem Fall stand die nicht verarbeitete Abtreibung im Vordergrund.

Diese psychogene Depression fordert Gesprächspsychotherapie und, wenn der Zusammenhang zwischen dem Trauma und der Depression klar ist, eher ein klassisches klientenzentriertes Vorgehen als eine prozeßorientierte Gesprächspsychotherapie.

Ich habe hier die Möglichkeit zu einer zusätzlichen Erläuterung: Klassisch klientenzentriert ist hier gemeint als akzeptierend zuhörend und empathisch folgend, bisweilen vorsichtig konfrontierend und andeutend, wobei der Therapeut der Überzeugung ist, daß sein Klient selbst seinen Weg in die Gesundheit finden wird, indem er im sicheren faszilitierenden Klima der klientenzentrierten Beziehung reichlich die Chancen hat, seinen Lebensweg zu explizieren und damit auch zu ändern. Nur in Ausnahmefällen - ich habe das an anderer Stelle (vgl. SWILDENS: "Die psychogenen Erkrankungen" in diesem Band) auch betont - ist es bei der Behandlung einer psychogenen Krankheit dieser Art notwendig, daß der Gesprächspsychotherapeut den Prozeß der Therapie aktiv überwacht und beeinflußt.

Würde eine klassische klientenzentrierte Therapie hier reichen oder müßte man doch Komplikationen erwarten?

Die starke Empfindlichkeit der Frau für das Trauma weist auf eine möglicherweise konstitutionelle oder vielleicht neurotische Schwäche hin. Die rigorose Art der Selbstbestrafung, die sie sich auferlegt hatte, ist ein Hinweis für die Annahme, daß schon frühere Problematik da war, als die 25jährige in ihre schwierige Lage geriet.

Zwar bleibt die Diagnose in dieser Phase: psychogene Depression (ICD-9: 300.4), aber eine breitere Betrachtung der Hintergründe dieser Klientin müßte erwogen werden.

Unsere therapeutische Entscheidung war zu dieser Zeit: Wir fangen an mit einer klassischen klientenzentrierten Gesprächspsychotherapie, aber wir werden doch die Ratsamkeit bzw. die Möglichkeit, daß sich eine aktivere Haltung als notwendig erweist, im Auge behalten. Dabei achten wir insbesondere auf Widerstandsphänomene oder Übertragungserscheinungen, also auf innertherapeutische Schwellen, die auf eine tiefer in der Persönlichkeit oder in ihrer Vergangenheit gründende Verletzbarkeit hinweisen können.

Und das erwies sich schon bald als sehr notwendig, denn die Bearbeitung des Abtreibungstraumas hatte die Haltung der Klientin in den Therapiesitzungen nicht wesentlich verändert. Es hatte ihr einige Erleichterung gebracht, daß sie das Geheimnis mit dem Therapeuten hatte teilen können und daß sie sich dabei als verstanden und akzeptiert erlebt hatte. Natürlich hatte sie auch vorher mit anderen darüber gesprochen: mit ihrem Mann, mit Freundinnen, mit ihrer Schwester. Aber die waren bagatellisierend darauf eingegangen und hatten versucht, ihr so schnell wie möglich ihre Schuldgefühle auszureden. Nachher waren dann auch die Türen zu: Es war bekannt, und es wurde im weiteren darüber geschwiegen, denn es hatte doch jetzt keine Bedeutung mehr: Jetzt gab es einen netten Mann, ein schönes Haus, ein erstklassiges Auto und teure Auslandsferien: Sie sollte doch zufrieden sein. Die jetzt eingetretene Erleichterung war mehr als eine Beruhigung, weil der Gesprächspsychotherapeut ihr auch die Möglichkeit, sich schuldig zu fühlen, nicht abgenommen hatte, sondern beim Durcharbeiten dieser existentiellen Problematik ihr Raum gegeben hatte, auch diese für sie so abscheulichen Gefühle wiederzuerleben.

Und trotzdem blieb die Klientin ein scheues Geschöpf, nicht depressiv mehr, aber gespannt und unruhig und immer darauf bedacht, daß nur der Therapeut zufrieden war, daß sie das leistete, wovon sie meinte, daß er es erwartete. Es entstand eine Art Abhängigkeit, wobei die Klientin mittels "guten" Klientenverhaltens dem Therapeuten unbedingt gefallen wollte. Eine Übertragungsbeziehung lag auf der Hand. Und wie wir wissen, ist eine Übertragungsbeziehung nicht Zweck der Therapie und nach unserer Ansicht auch nicht das Mittel der Wahl für eine Neurosenbehandlung.

Hinsichtlich der Übertragung sind wir noch immer der Meinung, daß ROGERS zu Recht eine Übertragungsbeziehung als eine unerwünschte Form der Abhängigkeit abwies, Übertragungsgefühle dagegen wie alle anderen Gefühle betrachtete und dementsprechend mit ihnen umging (ROGERS, 1951).

Ich reagierte auf das musterhafte Verhalten der Patientin zuerst einmal vorsichtig hinweisend mit halb als Witz aufzufassenden Kommentaren: "Wie Sie das fertig bringen, alle meine kleinen Winke zu registrieren und sogar meine unausgesprochenen Wünsche zu erfüllen!" Aber solche

Kommentare führten ebenso wenig zu Änderungen wie mehr eindringlich konfrontierende Interventionen wie z.B.: "Sie passen sich immer wieder an in ihrer Wortwahl. Ist Ihnen das auch aufgefallen?" Schließlich kam dann die unvermeidliche Konfrontation: "Es fällt mir auf, daß Sie sich kaum trauen, Meinungsverschiedenheiten mit mir zu ertragen, anderer Meinung zu sein als ich. Ist Ihnen das auch aufgefallen? Haben Sie etwa Angst, daß mir das nicht gefallen würde?" Sie fängt an zu weinen und erklärt, daß sie immer nur existieren durfte, wenn sie etwas leistete. Das war in der Klinik so, gleichfalls in ihrer Ehe, bei den Familientreffen, im Freundeskreis und natürlich auch bei mir. Als wir dann weiter aus diesem Gefühl heraus ihre Situation betrachteten, fällt ihr auf, daß sie das als kleines Kind in der Familie auch schon so machte: Sie war ein braves Kind und wurde dafür gelobt. Insbesondere der Mutter gegenüber lag ihr viel daran, daß die Mutter zufrieden mit ihr war.

Übrigens hatte sich in dieser Phase die therapeutische Situation wesentlich geändert. Ihre Stimmung war jetzt eine andere: Die vage depressive Stimmung, die bis jetzt den Therapieverlauf gekennzeichnet hatte, schien abgelöst worden zu sein durch ein intensives Grübeln. Die Psychotherapie war in einer anderen Phase angelangt, in der Problem-Konfliktphase: Sie ließ, jedenfalls für einige Zeit, ihr Symptom, die Depression, hinter sich. Langsam kamen ihr Erinnerungen.

Wie die Mutter, als sie ungefähr 8 Jahre alt war, ihr erzählt hatte, daß sie bei der Geburt dieser jüngsten Tochter fast gestorben war. Später hörte sie, daß ihre Mutter eine ernsthafte Schwangerschaftsvergiftung (Toxikose) erlitten hatte. Als sie das hörte, war es ihr, als ob sie das schon längst gewußt hätte, als ob unterschwellig im Bewußtsein das Wissen um diese schwere Entbindung schon dagewesen wäre. Die Eltern und auch die beiden älteren Schwestern hätten nie in ihrer Anwesenheit darüber gesprochen, meinte sie jetzt. Und doch war ihr zumute, als ob die Mutter nicht selbstverständlich da war, als ob ihre Anwesenheit verdient werden müßte, als ob die Mutter weggehen könnte oder krank werden oder sogar sterben. Es machte sie schon bald zu einem besorgten Kind, ängstlich, die Mutter verlieren zu können, krankhaft damit beschäftigt, daß es der Mutter gut ging und daß sie zufrieden war. So war es ihr auch weiterhin ergangen: Im Verlaufe ihres Lebens gab es immer wieder

Menschen, die etwas von ihr verlangten und deren Wünschen sie keinen Widerstand entgegensetzen konnte aus Angst, den diesbezüglichen anderen zu verlieren. Im nachhinein betrachtet war auch die Abtreibung ein Versuch, zwischen den Altersgenossen und Kolleginnen als vollwertig mitmachen zu dürfen, dazuzugehören, akzeptiert zu werden.

Im Verlaufe der längerdauernden Therapie änderte sich ihre Beziehung zu ihrem Mann: Sie konnte ihn jetzt als treuen und sorgsamen Partner wertschätzen. Er war keine Strafe mehr, die sie zu ertragen hatte. Die sexuelle Beziehung erholte sich. Ihre Haltung zur Arbeit wurde weniger krampfhaft: es war nicht mehr nur ihre Verantwortung und Schuld, wenn etwas schief ging. In ihrer neuen Arbeitsstelle machte die Arbeit ihr Freude.

Schließlich machte sie in der existentiellen Phase Schluß mit dem pathologischen Schuldgefühl. Natürlich blieb die Abtreibung ein Teil ihrer Vergangenheit, für den sie Verantwortung trug, und die Kinderlosigkeit ein Leid, das sie zu tragen hatte. Sie war aber imstande, das Geschehene auch einzuordnen als Teil nicht nur ihrer persönlichen Geschichte, sondern auch als zugehörig zum Zeitgeist, als entartete Form der Frauenemanzipation und als Äußerung einer geschichtlichen hedonistischen Periode. Ihre persönliche Verantwortung für die damalige Entscheidung übernahm sie aber ohne Einschränkung, versuchte nicht, sich ihr zu entziehen. Die Mythe änderte sich: Sie war verantwortlich, aber im Rahmen eines gewissen Zeitalters und im Rahmen einer Lebensgeschichte, die von der Geburt an schon geprägt war durch Schuldgefühle und Angst vor Abweisung.

Damit war die existentielle Phase abgeschlossen und die therapeutische Beziehung konnte beendet werden. Auf den Abschied werde ich hier nicht weiter eingehen.

Die Epikrise dieses Kasus lehrt uns viel. Sie lehrt uns z.B., daß Diagnostik tatsächlich ein Prozeß ist, der sich in und während der Therapie entwickelt. ROGERS hatte also in dieser Hinsicht recht. Aber: ohne einen diagnostischen Rahmen wäre doch dieser Fall fatal verlaufen.

Dieser Rahmen wird uns angeboten durch phänomenologische Unterschiede, die zwischen den verschiedenen Krankheitsbildern zu bemerken sind.

Niemand hätte hier gleich am Anfang eine Neurose im engeren Sinne diagnostizieren können. Eine ausführliche Krankengeschichte war nicht zu erstellen: Dazu war die Frau zu depressiv. Ein stufenweises Vorgehen ergab sich so von selber, denn zuerst mußte die lebensbedrohliche Melancholie bekämpft werden. Als sich dann nachher herausstellte, daß die Melancholie eine von der Lebensphase und von Lebensereignissen verschlimmerte Depression war, die vorläufig als psychogene Depression zu diagnostizieren war, konnte die Gesprächspsychotherapie anfangen, und zwar so, daß in der Form der Psychotherapie schon damit gerechnet wurde, daß dieser sich zeigenden sekundären Inkongruenz vielleicht eine primäre Inkongruenz zugrunde lag.

Diese letzte Diagnose: neurotische Depression aufgrund einer primären Inkongruenz hätte man schneller stellen können, z.B. dadurch, daß man in der postmelancholischen Phase eine ausführliche Anamnese erhoben hätte. Aber dann hätten wir das Syndrom der Depression mit konkreten ernsthaften Schuldgefühlen überrannt, und das hätte sich später gerächt, denn Symptome wollen verstanden werden, Raum haben, sich zu zeigen, und Zeit haben für die Bearbeitung der dazugehörenden Gefühle. So wie es jetzt verlaufen war, konnte die schuldbeladene depressive Symptomatik bearbeitet werden.

Die Abhängigkeit vom Therapeuten wurde dann innerhalb der Therapie ein Hinweis auf primäre Inkongruenz. Als diese Problematik angesprochen wurde, zeigte sich auch eine andere Stimmung: eine sorgenvoll grüblerische, aber nicht mehr depressive. Die Phänomenologie reicht uns hier wieder den Schlüssel zum Erkennen.

In dieser neuen Phase der Therapie, in welcher wir die Problem-Konfliktphase wiedererkennen, konnten dann die älteren Schuld-, Abweisungs- und Wiedergutmachungserfahrungen durchgearbeitet werden.

Die existentielle Phase, in der die unwiderruflichen und endgültigen Aspekte der Vergangenheit in bezug auf das Leben als ein Ganzes und als eine Aufgabe durchgearbeitet werden, schließt die Therapie ab und bringt auch die Diagnostik zu ihrem Ende.

Eva-Maria Biermann-Ratjen

**Die Psychogenese einer Depression -
dargestellt am Fallbeispiel von Hans Swildens**

Das erste, was der Therapeut von der Klientin erfährt, ist, daß sie 48 Jahre alt ist, schon viel in ihrem Leben an Leistungsfähigkeit erworben hat und einen Arbeitsplatz hat, an dem sie viel Leid teilen aber wenig heilen kann.

Als der Therapeut die Patientin zum erstenmal sieht, registriert er spontan (erfährt er auf dem Wege der Empathie): Sie befindet sich in einem Zustand der Stagnation, der sich auch körperlich darstellt und mit Gefühlen von Angst und Trauer verbunden ist.

Die Patientin sagt ihm, daß sie nicht leistungsfähig ist, und berichtet, daß andere meinen, sie könne im Moment auch nichts leisten und sie benötige Hilfe von außen.

Als der Therapeut ihre Krankengeschichte erhebt, erfährt er, daß die Erfahrung der Stagnation die Patientin frühmorgens aus dem Schlaf reißt und auch ihre Gefühls-, Vorstellungs- und Gedankenwelt besetzt: Sie ist traurig, grübelt über den Sinn des Lebens, ihre nicht gewollte Kinderlosigkeit, die Zukunft ihrer Ehe und ihre Berufsperspektive.

Auch alle körpergebundenen Erfahrungen drücken Stagnation aus: Patientin ist inaktiv, mag nicht essen, keine Sexualität, ist verstopft.

Der Therapeut exploriert aktiv, ob nicht auch andere Affekte - z.B. verzweifelte Wut - als Bewertung der Situation der Stagnation, in der sich die Patientin befindet, vorhanden sind: Die Patientin verneint Suicidalität.

Die Patientin selbst nimmt als Auslöser für ihre Verfassung die Erfahrung an, daß etwas, das ihr sehr am Herzen liegt, (ihre Station), von anderen mißachtet und damit in seiner Existenz bedroht worden ist - bzw. in seiner Existenzberechtigung infragegestellt worden ist, wie sich später herausstellen wird.

Diese Erfahrung hat die Patientin offenbar in einen Zustand der Inkongruenz gestürzt: Ihr Organismus als Ganzer bewertet diese Erfahrung anders als es die Patientin mit ihrem ihr bewußten Erleben tut:

Die Patientin nimmt die Station als bedroht wahr, ihr Organismus als Ganzer nimmt offenbar das Selbstkonzept der Patientin als bedroht wahr.

Die Erfahrung, daß ihre Station bedroht wird und was das für ihr Selbsterleben bedeutet, stellt offenbar das Selbstkonzept der Patientin infrage.

Der Organismus der Patientin als Ganzer reagiert der Situation des Bedrohtseins entsprechend: Die Patientin wird unruhig und ängstlich.

Die Bedeutung dieser Reaktion wird dem Bewußtsein z.T. ferngehalten, "abgewehrt".

Die Patientin entwickelt "phobische" Vorstellungen:

Ihre Existenz ist bedroht durch ihre eigene Schuld: Sie hat sich mit einer nicht richtig desinfizierten Injektionsnadel infiziert.

Als ihr diese Angst und dieses Schuldbewußtsein (eine verzerrte Symbolisierung der Bewertung der Erfahrung, die ihr Selbstkonzept, nicht aber ihr körperliches Leben bedroht und die sie sich nicht selbst zugefügt hat, die sie vielmehr passiv ertragen mußte) genommen werden, befürchtet sie,   Krebs zu haben: Sie hat   nicht eine Erfahrung gemacht, die sie "kränkt", die drohende Erfahrung ist eine Krankheit, die, noch unerkannt, in ihr ist.

Offenbar hat die Patientin niemanden gefunden, der sie in diesen Formen, die sie bedrohende Erfahrung zumindest zum Teil und in abgewehrter Form zu symbolisieren, verstanden hat. Jedenfalls stellt sich, als der Patientin diese Symptome ihrer Inkongruenz genommen worden sind, ein neues Symptom ein: Die Patientin stellt ihre Ehe infrage.

Damit wird die gesamtorganismische Erfahrung, daß das Selbstkonzept, speziell die Selbstachtung der Patientin, bedroht sind, etwas weniger mißverständlich zum Ausdruck gebracht: Es ist die Patientin selbst, nicht etwa den Ehemann, die die Patientin infragestellt, wenn sie ihre Ehe infragestellt.

Die Patientin fühlt sich aber weiterhin schuldig. Sie wehrt die bedrohliche Erfahrung nun klar depressiv ab: Nicht eine Erfahrung bedroht ihre Selbstachtung, sie verdient keine Achtung.

Es stellt sich nun die Frage, ob sich hinter der depressiven Reaktion der Patientin eine depressive Struktur verbirgt, oder mit HANS SWILDENS die Frage, ob der sekundären Inkongruenz eine primäre zugrunde liegt.

Von einer sekundären Inkongruenz sprechen wir, wenn eine akute Nichtübereinstimmung der gesamtorganismischen Bewertung einer Erfahrung mit der dem Bewußtsein zugänglichen Bewertung einer Erfahrung vorliegt.

Im Fall dieser Patientin beurteilt der Organismus als Ganzer in der Form der Entwicklung von Angst und Trauer eine Erfahrung als das Selbstkonzept bedrohend bzw. als gleichbedeutend mit dem Verlust der positiven Selbstbeachtung, während sich dem Bewußtsein der Patientin die Angst und später zunehmend die Depression als Hinweise auf eigenes Versagen und mehr und mehr auf eigene Schuld darstellen.

Anlässe, eine sekundäre Inkongruenz zu entwickeln, sind ubiquitär: Jeder Mensch macht Erfahrungen, die sich nicht leicht mit dem Selbstkonzept und der Selbstachtung vereinbaren lassen.

Von einer primären Inkongruenz sprechen wir, wenn das Selbstkonzept durch Erfahrungen bedroht wird, in denen ein Mensch in der Zeit der ersten Entwicklung des Selbstkonzepts nicht empathisch begleitet worden bzw. ohne "unconditional positive regard" geblieben ist, so daß diese Erfahrungen nicht oder nur z.T. symbolisiert zu Selbsterfahrungen werden konnten.

Die Heftigkeit, mit der die Patientin auf die Erfahrung reagiert, daß ihre Station bedroht ist, bzw. die Eindeutigkeit, mit der ihr Organismus als Ganzer zum Ausdruck bringt, daß diese Erfahrung eine Bedrohung ihres Selbstkonzepts beinhaltet, daß er es vorzieht, die gesamte Selbstentwicklung zum Stillstand kommen zu lassen statt diese Erfahrung und die Selbsterfahrungen, die sie auslöst, unverzerrt bewußt machen zu können, spricht dafür, daß einer sekundären Inkongruenz eine primäre zugrundeliegt.

Dafür spricht auch der weitere Verlauf der therapeutischen Gespräche. Die vom Therapeuten zunächst zusätzlich vermuteten Quellen von für das Selbstverständnis der Patientin bedrohlichen Erfahrungen: die Lebensphasenproblematik, (die Patientin ist 48 Jahre alt), aktuelle Lebensereignisse, (der Ehemann ist nun täglich zu Hause) und die Einschränkung der Lebensperspektive (die Kinderlosigkeit), macht jedenfalls die Patientin nicht zu einem Thema, das sie "emotionalisierte".

Deutliche Gefühle werden erst sichtbar, als eine Abtreibung Thema wird. Im Zusammenhang mit diesem Thema stellt die Patientin ebenfalls eine depressive Problematik dar. Im Konflikt zwischen dem drohenden Verlust der Anerkennung durch die Gruppe und dem Verlust der Selbstachtung wählt die Patientin die Anerkennung durch die Gruppe und zahlt mit als selbstverschuldet erlebten Schuldgefühlen, einem als selbstverschuldet erlebten Liebesverlust (der Freund verläßt sie), und mit als Selbstbestrafung bzw. als Konsequenz der selbstverschuldeten Einbuße an Selbstachtung interpretierten Entscheidungen: Sie heiratet einen ungeliebten Mann und wählt "die am wenigsten hoffnungsvolle" Arbeitsstelle.

"Die rigorose Art der Selbstbestrafung, die sie sich auferlegt hatte, ist ein Hinweis für die Annahme, daß schon frühere Problematik da war,..", und zwar depressive.

Faßbar und bearbeitbar wird diese in dieser Therapie erst dadurch, daß der Therapeut die Beziehung, die die Patientin zu ihm aufnimmt, zum Thema macht. Er spricht den Widerstand und die Übertragung an.

Der Widerstand ist die Abwehr gegen das Bewußtwerden der gesamtorganismischen Bewertung von Erfahrungen als Selbsterfahrungen, so wie sich diese Abwehr in der Therapiesituation zeigt, z. B. im Selbstexplorationsprozeß.

Die Übertragung besteht in Wünschen und vor allem Befürchtungen, vom Therapeuten in einer bestimmten Art und Weise und nur bei Erfüllung von bestimmten Bedingungen verstanden und ge(be)achtet zu werden.

Die Übertragung zeigt sich vor allem im Widerstand.

Der Therapeut spricht Widerstand und Übertragung an:

"Es fällt mir auf, daß Sie sich kaum trauen, Meinungsverschiedenheiten mit mir zu ertragen, anderer Meinung zu sein als ich. Ist Ihnen das auch aufgefallen? Haben Sie etwa Angst, daß mir das nicht gefallen würde?"

Der Therapeut verbalisiert damit emotionale Erlebnisinhalte der Patientin, und zwar ihre Angst, sich selbst daran schuldig zu machen, daß sie nicht verstanden und ge(be)achtet wird.

Er verbalisiert ihre depressive Abwehr.

Die nachfolgende Selbstexploration der Patientin bestätigt dem Therapeuten, daß er die Übertragung richtig verstanden hat und auch richtig als Übertragung gesehen hat:

Die Patientin hat schon als Kind und in ihrem gesamten weiteren Leben versucht, sich nicht schuldig daran zu machen, daß die Mutter - und später viele andere - sie nicht verstehen und achten.

Sie meint, die Erfahrung gemacht zu haben, "daß sie immer nur existieren durfte, wenn sie etwas leistete."

Die Überzeugung, sich ihre Existenzberechtigung selbst verdienen zu müssen - bzw. die Schuld dafür, daß sie sich nicht als existenzberechtigt wahrnehmen kann, bei sich selbst suchen zu müssen -, ist bei der Patientin schon sehr früh ausgebildet gewesen:

Als sie hört, daß ihre Mutter im Zusammenhang mit ihrer Geburt fast gestorben wäre, "war es ihr, als ob sie das schon längst gewußt hätte, als ob unterschwellig im Bewußtsein das Wissen ...schon dagewesen wäre. Die Eltern und auch die beiden älteren Schwestern hätten nie in ihrer Anwesenheit darüber gesprochen, meinte sie jetzt..."

Der weitere Therapieverlauf, bzw. der Selbstexplorarationsverlauf der Patientin, macht deutlich:

Die Patientin hat als Kind - wie alle Kinder ! - Ängste erlebt, die Mutter könnte sie verlassen. Diese Ängste waren - wie bei allen Kindern ! - besonders ausgeprägt, wenn sie nicht verstanden wurde bzw. die Erfahrung machte, nur unter bestimmten Bedingungen angenommen zu werden.

Bei der Patientin waren diese Ängste besonders ausgeprägt, wenn die Mutter unzufrieden war oder es ihr nicht gut ging, sie sich also um ihre eigenen Erfahrungen mehr kümmerte als um die, die sie damit bei ihrem Kind auslöste.

In den Bewertungen dieser Erfahrungen - es geht meiner Mutter nicht gut, sie ist unzufrieden, ich habe Angst, sie zu verlieren (bzw. im Moment ist sie für mich wie verloren) und ich habe offenbar Schuld daran, wenn ich sie verliere, denn Existenzberechtigung empfinde ich nur, wenn ich es schaffe, daß meine Mutter mit mir zufrieden ist, - hat die Patientin offenbar zu wenig empathische Begleitung erfahren, als daß sie sie als Selbsterfahrungen in ihr Selbstkonzept hätte integrieren können.

Sie ist in ihrer depressiven Abwehr der Erfahrung, existentiell bedroht zu sein, in der Weiterentwicklung ihres Selbstkonzepts bedroht zu sein, nicht verstanden worden.

Wie diese Falldarstellung zeigt, muß der Therapeut genau diese Zusammenhänge empathisch erfassen, wenn er der Patientin helfen will, das erneute Erleben einer Bedrohung der Selbstkonzeptentwicklung durch die depressive Abwehr einer Erfahrung - in diesem Fall hatte sie zur Stagnation geführt-, als eine Selbsterfahrung zu integrieren.

Literatur:

BENJAMIN, J. (1990). Die Fesseln der Liebe. Basel und Frankfurt am Main: Stroemfeld/Roter Stern.

BIERMANN-RATJEN, E.-M. (1988). Was bedeutet gesprächspsychotherapeutisches Arbeiten mit Patienten mit einer Borderline-Störung? In GESELLSCHAFT FÜR WISSENSCHAFTLICHE GESPRÄCHSPSYCHOTHERAPIE (Hrsg.), Orientierung an der Person, Bd. 1, (S. 58-61). Köln: GwG.

BIERMANN-RATJEN, E.-M. (1989). Zur Notwendigkeit einer klientenzentrierten Entwicklungspsychologie für die Zukunft (Weiterentwicklung) der klienten-zentrierten Psychotherapie. In R. SACHSE & J. HOWE (Hrsg.), Zur Zukunft der klientenzentrierten Psychotherapie (S. 102-125). Heidelberg: Asanger.

BIERMANN-RATJEN, E.-M. (1990). Identifizierung. Ein Beitrag zu einem klientenzentrierten Modell der Entwicklung der gesunden und der kranken Persönlichkeit. GwG-Zeitschrift, 78, S. 31-35.

BIERMANN-RATJEN, E.-M. ECKERT, J. (1982). Du sollst merken - wie willst Du sonst verstehen. Plädoyer für das tiefenpsychologische Modell der Entwicklung der Person in der Gesprächspsychotherapie. In E. BIEHL, E. JAEGGI, W.R. MINSEL, R. V. QUEKELBERGHE & D. TSCHEULIN (Hrsg.), Neue Konzepte der klinischen Psychologie und Psychotherapie (S. 36-40). Tübingen und Köln: DGVT u. GwG.

BIERMANN-RATJEN, E.-M., ECKERT, J. & SCHWARTZ, H.-J. (1994). Gesprächspsychotherapie (7. Aufl.). Stuttgart Berlin Köln: Verlag W. Kohlhammer (im Druck).

BINDER, U. & BINDER, J. (1979). Klientenzentrierte Psychotherapie bei schweren psychischen Störungen. Frankfurt a.M.: Fachbuchhandlung für Psychologie.

BINDER, U. & BINDER, J. (1991). Studien zu einer störungsspezifischen Klientenzentrierten Psychotherapie. Eschborn: Dietmar Klotz.

DENEKE, F.-W. (1992). Die Strukturierung der subjektiven Wirklichkeit. In B. ANDRESEN, F.-M. STARK & J. GROSS (Hrsg.), Mensch, Psychiatrie, Umwelt (S. 143-160). Bonn: Psychiatrie-Verlag.

FINKE, J. (1989). Das Konzept 'Unbewußt' und die klientenzentrierte Psychotherapie. In M. BEHR, F. PETERMANN, W. PFEIFFER & C. SEEWALD (Hrsg.). Jahrbuch für personenzentrierte Psychologie und Psychotherapie. Band I (S. 120-130). Salzburg: Otto Müller Verlag.

FINKE, J. (1991). Die gesprächspsychotherapeutische Krankheitslehre unter dem Aspekt der sog. ätiologischen Orientierung. GwG-Zeitschrift, 82, S. 25.

GENDLIN, E.T. (1970). A theory of personality change. In J. T. HART & T. M. TOMLINSON (Eds.), New directions in Client-centered Psychotherapy (129-173). Boston: Houghton Mifflin.

HÖGER, D. (1989). Klientenzentrierte Psychotherapie - Ein Breitbandkonzept mit Zukunft. In R. SACHSE & J. HOWE (Hrsg.) (1989). Zur Zukunft der klientenzentrierten Psychotherapie. Heidelberg: Asanger.

HÖGER, D. (1993). Klientenzentrierte Gesprächspsychotherapie. Reihe: Formen der Psychotherapie. Kurseinheit Gesprächspsychotherapie. Hagen: Fernuniversität Hagen.

KIESLER, D. (1966). Some myths of psychotherapy research and the search for a paradigm. Psychol. Bull., 65, 110-136.

KRAUSE, R. (1983). Zur Onto- und Phylogenese des Affektsystems und ihrer Beziehungen zu psychischen Störungen. Psyche, 37, 1016-1043.

KRIZ, J. (1989). Entwurf einer systemischen Theorie klientenzentrierter Psychotherapie. In R. SACHSE & J. HOWE (Hrsg.), Zur Zukunft der klientenzentrierten Psychotherapie. Heidelberg: Asanger.

MEYER, A.-E. (1993). Geleitwort. In L. TEUSCH & J. FINKE (Hrsg.), Krankheitslehre der Gesprächspsychotherapie (S. 13-15). Heidelberg: Asanger.

MEYER, A.-E., RICHTER, R., GRAWE, K., V.D. SCHULENBURG, J.-M. & SCHULTE, D. (1991). Forschungsgutachten zu Fragen eines Psychotherapeutengesetzes. Hamburg: Universitätskrankenhaus Hamburg-Eppendorf.

PFEIFFER, W. M. (1993a). Die Bedeutung der Beziehung bei der Entstehung und der Therapie psychischer Störungen. In L. TEUSCH & J. FINKE (Hrsg.), Krankheitslehre der Gesprächspsychotherapie (S. 19-39). Heidelberg: Asanger.

PFEIFFER, W. M. (1993b). Thesen zur Störungslehre und Syndrombeschreibungen im Rahmen der Vorbereitung des Kongresses „Die Entwicklung der Person und ihre Störung: der Krankheitsbegriff im klientenzentrierten Modell". Unveröff. Manuskr., Erlangen.

PFEIFFER, W. M. (1993c). Die Bedeutung der Beziehung bei der Entstehung und Therapie psychischer Störungen. In L. TEUSCH & J. FINKE (Hrsg.), Krankheitslehre der Gesprächspsychotherapie. Neue Beiträge zur theoretischen Fundierung (S. 19-39). Heidelberg: Asanger.

PORTERA, A. (1987) Beraterische und therapeutische Arbeit mit italienischen Migranten. ZPP, 6, 425-434.

ROGERS, C. R. (1972). Die nicht-direktive Beratung. München: Kindler. (Original: Counceling and Psychotherapy. Boston: Houghton Mifflin Company, 1942).

ROGERS, C.R. (1973). Die klient-bezogene Gesprächstherapie. München: Kindler. (Original: Client-centered Therapy. Boston: Houghton Mifflin Company, 1951).

ROGERS, C.R. (1987). Eine Theorie der Psychotherapie, der Persönlich-keit und der zwischenmenschlichen Beziehungen. Entwickelt im Rahmen des klientenzentrierten Ansatzes. Köln: GwG. (Original: A Theory of Therapy, Personality and Interpersonal Relationships, as developed in the Client-Centered Framework. In S. KOCH (Ed.), Psychology: A Study of a Sciene. Volume 3. Formulations of the Person and the Social Context (184-256). New York, Boston, London: McGraw-Hill, 1959).

ROGERS, C. R. (1957). The necessary and sufficient conditions of therapeutic personality change. Journal of consulting Psycho-logy, 21, pp 95-103.

ROGERS, C. R. (1967). Therapeutic Relationship and its Impact. Madison, Milwaukee and London: The University of Wisconsin Press.

ROGERS, C. R. (1980). 'Ellen West - and Loneliness'. In C.R. ROGERS. A Way of Being. Boston: Houghton Mifflin Company.

SCHILDER, A. (1987). Hulpeloos maar schuldig- het verband tussen, een gereformierde paradox en depressie. Kampen: Urtgeverij Kok.

SCHMID, P. F. (1992). Das Leiden. Herr Doktor, bin ich verrückt? Eine Theorie der leidenden Person statt einer „Krankheitslehre". In P. FRENZEL, P.F. SCHMID & M. WINKLER (Hrsg.). Handbuch der personzentrierten Psychotherapie (S. 83-126). Köln: Edition Humanistische Psychologie.

SWILDENS, H. (1989a). Die gesprächspsychotherapeutische Behandlung des „Borderline"-Syndroms. GwG-Zeitschrift, 75, 205-210.

SWILDENS, H. (1989b). Über Psychopathologie und ihre Bedeutung für die klientenzentrierte Psychotherapie. In M. BEHR, F. PETER-MANN, W. M. PFEIFFER & C. SEEWALD (Hrsg), Jahrbuch für personenzentrierte Psychologie und Psychotherapie, Bd. 1 (S.80-106). Salzburg: Otto Müller.

SWILDENS, H. (1990). Über die gesprächspsychotherapeutische Behand-lung depressiver Neurosen. In G. MEYER-CORDING & G.-W. SPEIERER (Hrsg.), Gesundheit und Krankheit. Theorie, For-schung und Praxis der klientenzentrierten Gesprächspsycho-therapie heute (S. 183-198). Köln: GwG-Verlag.

SWILDENS, J.C.A.G. (1991a). Phasen und Prozesse gesprächspsychothe-
rapeutischer Neurosenbehandlung. In J. FINKE & L. TEUSCH
(Hrsg.), Gesprächspsychotherapie bei Neurosen und psychosomatischen Erkrankungen. Neue Entwicklungen in Theorie und
Praxis (S. 73-82). Heidelberg: Asanger.

SWILDENS, H. (1991b). Prozeßorientierte Gesprächspsychotherapie.
Einführung in eine differentielle Behandlung psychischer Erkrankungen. Köln: GwG-Verlag.

SWILDENS, H. (1993). Ansätze zur Psychopathologie und zu einer
differentiellen Psychotherapie der Neurosen aus klientenzentrierter Sicht. In L. TEUSCH & J. FINKE (Hrsg.), Krankheitslehre der Gesprächspsychotherapie. Neuere Beiträge zur
theoretischen Fundierung (S. 89-100). Heidelberg: Asanger.

WELTGESUNDHEITSORGANISATION (1991). Internationale Klassifikation psychischer Störungen. ICD-10 Kapitel V (F). Klinisch-
diagnostische Leitlinien. Herausgegeben von H. DILLING, W.
MOMBOUR & M.H. SCHMIDT. Bern, Göttingen, Toronto:
Hans Huber.